Henrik Ibsen, Sigurd Ibsen

Baumeister Solneß

Schauspiel in drei Aufzügen

Henrik Ibsen, Sigurd Ibsen

Baumeister Solneß
Schauspiel in drei Aufzügen

ISBN/EAN: 9783337351670

Hergestellt in Europa, USA, Kanada, Australien, Japan

Cover: Foto ©Thomas Meinert / pixelio.de

Weitere Bücher finden Sie auf **www.hansebooks.com**

Baumeister Solneß.

Schauspiel in drei Aufzügen

von

Henrik Ibsen.

Deutsch von
Sigurd Ibsen.

Einzige vom Verfasser autorisierte deutsche Ausgabe.

Leipzig
Druck und Verlag von Philipp Reclam jun.

Den Bühnen gegenüber als Manuskript gedruckt.

Alle Rechte vorbehalten.

Für sämtliche Bühnen im ausschließlichen Debit von Felix Bloch Erben in Berlin, von welchen allein das Recht der Aufführung zu erwerben ist.

Für Österreich-Ungarn ist das Aufführungsrecht nur durch *Dr.* O. F. Eirich in Wien zu erwerben.

Für Großbritannien und die englischen Kolonien: *Dr.* Sylvain Mayer, Rechtsanwalt, London, *Temple E. C. I. Garden Court.*

Für Amerika: Goldmark & Conried,

New-York, *13 W. 42 Street.*

Für Schweden, Norwegen und Finnland: Oskar Wijkander, Königlicher Hofintendant, Stockholm.

Für Dänemark: Henrik Hennings, Königliche Hofmusikalienhandlung, Kopenhagen.

Für Rußland und Polen: P. Reldner, Buch- und Musikalienhandlung, Riga.

Sigurd Ibsen. Felix Bloch Erben.

Baumeister Solneß.

Personen.

Baumeister Halvard Solneß.

Frau Aline Solneß, seine Gattin.

Dr. **Herdal**, Hausarzt.

Knut Brovik, ehemals Architekt, jetzt Assistent bei Solneß.

Ragnar Brovik, sein Sohn, Zeichner.

Kaja Fosli, seine Nichte, Buchhalterin.

Fräulein Hilde Wangel.

Einige Damen.

Volksmenge auf der Straße.

Ort der Handlung: das Haus des Baumeisters Solneß.
Rechts und links vom Schauspieler.

Erster Aufzug.

Ein einfach ausgestattetes Arbeitszimmer beim Baumeister Solneß.

Eine Flügelthür an der Wand links führt zum Vorzimmer. Rechts ist die Thür zu den inneren Räumen des Hauses. An der Hinterwand eine offene Thür zum Zeichenzimmer. Im Vordergrund links ein Pult mit Büchern, Briefschaften und Schreibmaterialien. Oberhalb der Thür ein Ofen. In der Ecke rechts ein Sofa mit Tisch und ein paar Stühlen; auf dem Tische Wasserkaraffe und Glas. Ein kleinerer Tisch mit Schaukelstuhl und Lehnstuhl im Vordergrund rechts. Angezündete Arbeitslampen auf dem Tische im Zeichenzimmer, auf dem Tische in der Ecke und auf dem Pulte.

Rechts und links vom Schauspieler.

Erster Auftritt.

Knut Brovik und sein Sohn **Ragnar** sitzen im Zeichenzimmer mit Konstruktionen und Berechnungen beschäftigt. Knut Brovik ist ein schmächtiger alter Mann mit weißem Haar und Bart; er trägt einen etwas fadenscheinigen, aber sauber gehaltenen schwarzen Rock, eine Brille und eine weiße, etwas vergilbte Halsbinde. Ragnar Brovik ist in den dreißiger Jahren, gutgekleidet, blond, mit leicht vornüber gebeugter Haltung. **Kaja Fosli,** steht im Arbeitszimmer am Pulte, im Hauptbuche eintragend; sie ist ein zart gebautes junges Mädchen von einigen zwanzig Jahren, aber von kränklichem Aussehen; ein grüner Schirm schützt ihre Augen. Alle drei arbeiten eine Weile schweigend.

Knut Brovik (erhebt sich plötzlich, wie von Angst getrieben, vom Zeichentische, atmet tief und mit Mühe, indem er zur Thüröffnung vorgeht). Nein, jetzt halt ich es bald nicht länger aus.

Kaja (geht zu ihm hin). Es ist dir gewiß recht schlecht heut Abend, Onkel?

Brovik. Ach, mir scheint, es wird schlimmer von Tag zu Tag.

Ragnar (hat sich erhoben und kommt näher). Du solltest lieber heimgehen, Vater. Versuchen ein wenig zu schlafen —

Brovik (ungeduldig). Zu Bett gehen vielleicht? Willst du denn, daß ich rein ersticke!

Kaja. Aber dann mach doch einen kleinen Spaziergang.

Ragnar. Ja, thu das. Ich begleite dich.

Brovik (heftig). Ich geh nicht, ehe er kommt! Heut Abend red ich grad heraus mit — (in verbissener Wut) mit ihm — dem Prinzipal.

Kaja (angstvoll). Ach nein, Onkel — warte doch ja damit!

Ragnar. Ja, lieber warten, Vater.

Brovik (holt mühsam Atem). Ha — ha —! Ich hab wohl keine Zeit, recht lange zu warten.

Kaja (horchend). Still! Da hör ich ihn unten auf der Treppe!

Alle Drei (gehen wieder an ihre Arbeit).

(Kurze Pause.)

Baumeister Halvard Solneß (tritt durch die Vorzimmerthür ein; er ist ein etwas älterer Mann, gesund und kräftig, mit kurzgehaltenem, krausem Haar, dunklem Schnurrbart und dunkeln dichten Augenbrauen, trägt eine graugrüne zugeknöpfte Jacke mit Stehkragen und breiten Aufschlägen, einen weichen grauen Filzhut und unter dem Arme ein paar Mappen).

Zweiter Auftritt.

Die Vorigen. Solneß.

Baumeister Solneß (an der Thür, weist gegen das Zeichenzimmer hin und fragt flüsternd). Sind sie fort?

Kaja (leise, schüttelt den Kopf). Nein. (Sie legt den Augenschirm ab.)

Solneß (geht durchs Zimmer, wirft seinen Hut auf einen Stuhl, legt die Mappen auf den Sofatisch und nähert sich dann wieder dem Pulte).

Kaja (schreibt ununterbrochen, scheint aber nervös und unruhig).

Solneß (laut). Was tragen Sie denn da ein, Fräulein?

Kaja (zusammenfahrend). O es ist nur etwas, das —

Solneß. Lassen Sie mich sehen, Fräulein. (Er beugt sich über sie, thut, als ob er im Hauptbuche nachsähe und flüstert:) Kaja?

Kaja (schreibend, leise). Ja?

Solneß. Warum nehmen Sie denn immer den Schirm da ab, wenn ich komme?

Kaja (wie oben). Ich sehe ja so häßlich aus damit.

Solneß (lächelnd). Und das wollen Sie nicht, Kaja?

Kaja (blickt halb zu ihm auf). Nicht um alles in der Welt. Nicht in I h r e n Augen.

Solneß (fährt ihr leicht über das Haar). Arme, arme kleine Kaja —

Kaja (senkt den Kopf). Still — sie könnten Sie hören!

Solneß (geht nachlässigen Schrittes nach rechts, kehrt um und bleibt an der Thür des Zeichenzimmers stehen). War jemand da, der nach mir gefragt hat?

Ragnar (erhebt sich). Ja, die jungen Leute, die die Villa gebaut haben wollen draußen bei Lövstrand.

Solneß (brummend). Ach d i e ? Ja, die müssen warten. Ich bin mit mir selber noch nicht im Reinen über den Plan.

Ragnar (näher, etwas zögernd). Es wäre ihnen so sehr daran gelegen, die Zeichnungen bald zu bekommen.

Solneß (wie oben). Ja, das versteht sich — das wollen sie ja alle miteinander!

Brovik (aufblickend). Sie sehnten sich nämlich so über alle Maßen danach, ihr eigenes Haus zu beziehen, sagten sie.

Solneß. Jawohl, jawohl! Man kennt das! Und dann nehmen sie's so, wie es sich gerade trifft. Schaffen sich so'ne — 'ne Wohnung. Eine Art von Zufluchtsort bloß. Aber kein Heim. Nein, ich danke! Mögen sie sich dann lieber an einen andern wenden. Sagen Sie ihnen das, wenn sie wiederkommen.

Brovik (schiebt die Brille auf die Stirn hinauf und sieht ihn stutzend an). An einen andern? Würden Sie die Arbeit abgeben?

Solneß (ungeduldig). Ja, ja doch, zum Teufel! Wenn's durchaus sein m u ß , dann — Lieber das, als so ins Blaue hineinbauen. (Herausplatzend.) Denn ich kenne ja die Leute noch so wenig!

Brovik. Die Leute sind solid genug. Ragnar kennt sie. Er geht mit der Familie um. Sehr solide Leute.

Solneß. Ach, solid — solid! Das ist's ja gar nicht, was ich meine. Du lieber Gott — verstehen auch S i e mich jetzt nicht mehr? (Heftig.) Ich will mit den fremden Menschen nichts zu schaffen haben. Mögen sie sich meinetwegen wenden, an wen sie wollen.

Brovik (erhebt sich). Ist das Ihr Ernst?

Solneß (mürrisch). Jawohl. — Für dies eine Mal. (Er geht durchs Zimmer.)

Brovik (wechselt einen Blick mit Ragnar).

Ragnar (macht eine warnende Gebärde).

Brovik (geht ins Vorderzimmer hinein). Gestatten Sie mir, ein paar Worte mit Ihnen zu reden?

Solneß. Sehr gern.

Brovik (zu Kaja). Geh da hinein derweile, du.

Kaja (unruhig). Ach, aber Onkel —

Brovik. Thu wie ich dir sage, Kind. Und schließ die Thüre hinter Dir zu.

Kaja (geht zögernd ins Zeichenzimmer hinein, wirft verstohlen Solneß einen ängstlich bittenden Blick zu und schließt die Thür).

Brovik (etwas gedämpft). Ich will nicht, daß die armen Kinder erfahren, wie schlecht es mit mir steht.

Solneß. Sie sehen auch wirklich recht elend aus in diesen Tagen.

Brovik. Mit mir ist's bald vorbei. Die Kräfte nehmen ab — von einem Tag zum andern.

Solneß. Setzen Sie sich ein wenig.

Brovik. Wenn Sie erlauben?

Solneß (rückt den Lehnstuhl ein wenig zurecht). Da, bitte. — Nun?

Brovik (hat mit Mühe Platz genommen). Ja, es handelt sich also um das da mit Ragnar. D a s ist das allerschwerste. Was soll mit ihm werden?

Solneß. Ihr Sohn, der bleibt natürlich hier bei mir, so lange er nur will.

Brovik. Aber das ist's ja eben, was er nicht will. Nicht so recht mehr k a n n — wie ihm scheint.

Solneß. Nun, er wird denn doch ganz gut bezahlt, sollt ich meinen. Sollte er aber mehr verlangen, wäre ich nicht abgeneigt, ihm —

Brovik. Nein, nein! Das ist's durchaus nicht. (Ungeduldig.) Aber er muß doch auch einmal Gelegenheit bekommen, auf eigene Hand zu arbeiten.

Solneß (ohne ihn anzusehen). Glauben Sie, daß Ragnar dazu alle die rechten Anlagen hat?

Brovik. Nein, sehen Sie, das ist ja eben das Entsetzliche, daß ich angefangen habe, an dem Jungen zu zweifeln. Denn Sie sagten ja nie soviel wie — wie ein ermunterndes Wort über ihn. Aber dann scheint's mir wieder, es ist unmöglich anders. Er m u ß die Anlagen haben.

Solneß. Nun ja, er hat aber doch nichts gelernt — recht gründlich. Außer dem Zeichnen, versteht sich.

Brovik (blickt ihn mit geheimem Hasse an und sagt mit heiserer Stimme): S i e hatten auch nicht recht viel vom Fach gelernt, damals, als Sie bei mir im Dienste standen. Aber S i e machten sich dennoch auf den Weg. (Er holt mühselig Atem.) Und kamen vorwärts. Und überholten sowohl mich wie — wie so viele andere.

Solneß. Ja, sehen Sie, das fügte sich nun so für m i c h .

Brovik. Darin haben Sie recht. Alles fügte sich für Sie. Dann können Sie's aber auch nicht übers Herz bringen, mich ins Grab gehen zu lassen — ehe ich sehe, wozu Ragnar taugt. Und dann möchte ich die zwei ja auch gern verheiratet sehen — ehe ich scheide.

Solneß (unwirsch). Ist sie es, die's so haben will?

Brovik. Kaja nicht so sehr. Aber Ragnar geht herum und redet jeden Tag davon. (Bittend.) S i e m ü s s e n — Sie m ü s s e n ihm jetzt zu irgend einer selbständigen Arbeit verhelfen. Ich m u ß etwas zu sehen bekommen, was der Junge gemacht hat. Hören Sie?

Solneß (gereizt). Aber ich kann doch, zum Teufel, keine Bestellungen für ihn vom Mond herunterholen!

Brovik. Er kann eine hübsche Bestellung bekommen, gerade jetzt. Eine große Arbeit.

Solneß (unruhig, stutzend). E r ?

Brovik. Wenn Sie Ihre Zustimmung geben wollten.

Solneß. Was ist denn das für eine Arbeit?

Brovik (etwas zögernd). Er könnte die Villa zu bauen bekommen draußen bei Lövstrand.

Solneß. D i e ! Aber die soll ich ja selber bauen!

Brovik. Ach, Sie haben ja keine besondere Lust dazu.

Solneß (auffahrend). Keine Lust! Ich! Wer darf das sagen?

Brovik. Das sagten Sie ja selbst in diesem Augenblicke.

Solneß. Ach was, achten Sie nie auf das, was ich so — s a g e. — Kann Ragnar die Villa zu bauen bekommen?

Brovik. Jawohl. Er kennt ja die Familie. Und dann hat er — nur so zum Spaß — Zeichnungen gemacht und Überschläge und alles miteinander —

Solneß. Und die Zeichnungen, mit denen sind sie zufrieden? Die Leute, die da wohnen sollen?

Brovik. Gewiß. Wenn bloß Sie sie durchsehen wollten und sie gutheißen, dann —

Solneß. Dann würden sie Ragnar ihr Heim bauen lassen?

Brovik. Es gefiel ihnen so ausnehmend gut, das, was er draus machen wollte. Es schiene ihnen so etwas durchaus neues, sagten sie.

Solneß. Aha! N e u e s ! Kein so altmodischer Plunder, wie i c h ihn zu bauen pflege!

Brovik. Es schien ihnen etwas a n d e r e s .

Solneß (in unterdrückter Erbitterung). Ragnar war's also, zu dem sie kamen, hier — während ich fort war!

Brovik. Sie kamen, um S i e zu sprechen. Und dann um zu fragen, ob Sie vielleicht geneigt wären zurückzutreten —

Solneß. Zurücktreten! Ich!

Brovik. Im Falle Sie fänden, daß Ragnars Zeichnungen —

Solneß. Ich! Zurücktreten vor Ihrem Sohn!

Brovik. Von der Verabredung zurücktreten, meinten sie.

Solneß. Ach was, das kommt ja auf eins hinaus. (Er lacht erbittert.) So, so! Halvard Solneß — der soll jetzt anfangen zurückzutreten! Platz machen denen, die da jünger sind. Den Allerjüngsten vielleicht! Nur Platz machen! Platz! Platz!

Brovik. Du lieber Gott, da ist doch wohl Platz genug für mehr als einen Einzigen.

Solneß. O so reichlicher Platz ist denn doch nicht da. Na, dem mag nun sein wie ihm will. Aber ich trete niemals zurück! Weiche niemals vor irgend jemand! Niemals freiwillig! Niemals bei meinen Lebzeiten thu' ich so 'was!

Brovik (erhebt sich mühsam). Soll ich denn aus dem Leben gehen ohne Zuversicht? Ohne Freude? Ohne Glauben und Vertrauen in Ragnar? Ohne ein einziges Werk von ihm zu sehen? Soll ich das?

Solneß (wendet sich halb zur Seite und murmelt). Hm — fragen Sie doch jetzt nicht mehr.

Brovik. Doch. Antworten Sie mir darauf. Soll ich so ganz in Armut aus dem Leben gehen?

Solneß (scheint mit sich selbst zu kämpfen; endlich sagt er mit gedämpfter, aber fester Stimme). Sie müssen aus dem Leben gehen, wie Sie's am besten wissen und können.

Brovik. Mag's denn so sein. (Er geht durchs Zimmer.)

Solneß (ihm nachgehend, halb verzweifelt). Ja, ich kann ja doch nicht anders, verstehen Sie! Ich bin nun einmal so, wie ich bin! Und umschaffen kann ich mich doch auch nicht!

Brovik. Nein, nein — das können Sie wohl nicht. (Er schwankt und bleibt am Sofatisch stehen.) Gestatten Sie, daß ich ein Glas Wasser trinke?

Solneß. Bitte sehr. (Er schenkt ein und reicht ihm das Glas.)

Brovik. Ich danke. (Er trinkt und stellt das Glas wieder hin.)

Solneß (geht zur Thüre des Zeichenzimmers und öffnet sie). Ragnar — Sie müssen Ihren Vater nach Hause begleiten.

Ragnar (erhebt sich rasch).

Ragnar und **Kaja** (gehen ins Arbeitszimmer).

Ragnar. Was giebt's, Vater?

Brovik. Reich mir den Arm. Und jetzt gehen wir.

Ragnar. Jawohl. Mach du dich auch fertig, Kaja.

Solneß. Fräulein Fosli muß zurückbleiben. Nur einen kleinen Augenblick. Ich habe einen Brief, der geschrieben werden muß.

Brovik (mit einem Blick auf Solneß). Gute Nacht. Schlafen Sie wohl — wenn Sie können.

Solneß. Gute Nacht.

Brovik und **Ragnar** (ab durch die Vorzimmerthüre).

Dritter Auftritt.

Solneß. Kaja.

Kaja (geht an das Pult hin).

Solneß (steht mit gesenktem Kopf rechts am Lehnstuhl).

Kaja (unsicher). Ist's ein Brief?

Solneß (kurz). Ach, keine Spur. (Er blickt sie rauh an.) Kaja!

Kaja (angstvoll, leise). Ja?

Solneß (weist befehlend mit dem Finger auf den Fußboden). Herkommen! Gleich!

Kaja (zögernd). Ja.

Solneß (wie oben). Näher!

Kaja (gehorcht). Was wollen Sie von mir?

Solneß (blickt sie eine Weile an). Sind Sie's, der ich die Geschichte zu verdanken habe?

Kaja. Nein, nein, glauben Sie das ja nicht!

Solneß. Aber heiraten — das wollen Sie ja jetzt.

Kaja (leise). Ragnar und ich sind schon vier — fünf Jahre verlobt, und da —

Solneß. Und da meinen Sie, es muß ein Ende nehmen. Ist's nicht so?

Kaja. Ragnar und der Onkel sagen, ich s o l l. Und da muß ich mich ja fügen.

Solneß (in sanfterem Tone). Kaja, sind Sie nicht auch, im Grunde genommen, Ragnar ein bißchen gut?

Kaja. Ich war Ragnar sehr, sehr gut — einmal. — Ehe ich hierher kam zu Ihnen.

Solneß. Aber jetzt nicht mehr? Gar nicht mehr?

Kaja (leidenschaftlich, faltet die Hände gegen ihn). Ach, Sie wissen es ja, jetzt bin ich bloß einem einzigen gut! Keinem andern in der ganzen Welt! Kann nie einem andern gut werden!

Solneß. Ja, so sagen Sie. Und da gehen Sie trotzdem von mir fort. Lassen mich hier mit allem allein.

Kaja. Aber dürfte ich denn nicht bei Ihnen bleiben, wenn auch Ragnar —?

Solneß (abweisend). Nein, nein, das läßt sich durchaus nicht machen. Geht Ragnar weg und fängt er an, auf eigene Hand zu arbeiten, dann hat er Sie ja selber nötig.

Kaja (ringt die Hände). Ach, mir kommt's vor, ich k a n n mich von Ihnen nicht trennen! Das ist doch so rein, rein unmöglich, kommt's mir vor!

Solneß. Dann sehen Sie zu, daß Sie Ragnar die dummen Einfälle da aus dem Kopfe bringen. Heiraten Sie ihn, soviel Sie wollen — (Er verändert den Ton.) Ja, das heißt — reden Sie ihm zu, daß er hier bleibt in seiner guten Stellung bei mir. Dann kann ich ja auch Sie behalten, liebe Kaja.

Kaja. Ach ja, wie wunderschön war's, wenn sich's so machen ließe!

Solneß (legt ihr beide Hände um den Kopf und flüstert). Denn ich k a n n 's ohne Sie nicht aushalten, begreifen Sie. Ich muß Sie um mich haben. Tag aus, Tag ein.

Kaja (nervös hingerissen). Ach Gott! Ach Gott!

Solneß (drückt ihr einen Kuß aufs Haar). Kaja — Kaja!

Kaja (sinkt vor ihm nieder). O wie gut sind Sie gegen mich! Wie unsäglich gut sind Sie!

Solneß (heftig). Stehen Sie auf! So stehen Sie doch auf, zum —! Mir scheint, ich höre jemand! (Er hilft ihr auf.)

Kaja (wankt ans Pult hin).

Frau Solneß (erscheint in der Thüre rechts; sie ist mager und sieht abgehärmt aus, zeigt aber Spuren einstiger Schönheit; sie trägt blonde Hängelocken, ist elegant, vollständig schwarz gekleidet; sie spricht etwas langsam und mit klagender Stimme).

Vierter Auftritt.

Die Vorigen. Frau Solneß.

Frau Solneß (in der Thüröffnung). Halvard!

Solneß (dreht sich um). Ach, du bist's, liebe —?

Frau Solneß (mit einem Blick auf Kaja). Ich komme gewiß recht ungelegen, kann ich mir denken.

Solneß. Durchaus nicht. Fräulein Fosli hat nur einen kleinen Brief zu schreiben.

Frau Solneß. Jawohl, das sehe ich.

Solneß. Was wolltest du denn von mir, Aline?

Frau Solneß. Ich wollte nur sagen, daß Doktor Herdal im Eckzimmer drinnen ist. Kommst du vielleicht auch herein, Halvard?

Solneß (blickt sie mißtrauisch an). Hm — muß mich denn der Doktor so notwendig sprechen?

Frau Solneß. Nein, so notwendig gerade nicht. Er kam, mir einen Besuch zu machen. Und dann möchte er natürlich dich auch begrüßen.

Solneß (lacht leise). Kann mir's denken, jawohl. Na, dann mußt du ihn bitten, sich ein wenig zu gedulden.

Frau Solneß. So kommst du also zu ihm herein nachher?

Solneß. Vielleicht. Nachher — nachher, liebe Aline. Nach einer kleinen Weile.

Frau Solneß (wieder mit einem Blick auf Kaja). Gut, vergiß es aber ja nicht, Halvard. (Sie zieht sich zurück und schließt die Thüre.)

Fünfter Auftritt.

Solneß. Kaja.

Kaja (leise). Ach Gott, ach Gott — die gnädige Frau denkt gewiß etwas schlechtes von mir!

Solneß. Ach was, keinen Schein. Nicht mehr als gewöhnlich wenigstens. Es ist aber doch am besten, wenn Sie jetzt gehen, Kaja.

Kaja. Ja, ja, jetzt m u ß ich gehen.

Solneß (streng). Und dann bringen Sie also die andere Geschichte da in Ordnung für mich. Hören Sie!

Kaja. Ach, gebe Gott, daß es nur auf mich ankäme, dann —

Solneß. Ich w i l l ' s geordnet wissen, sage ich! Und morgen soll's geschehen!

Kaja (angstvoll). Geht's auf andere Weise nicht, will ich gern mit ihm ein Ende machen.

Solneß (auffahrend). Ein Ende machen! Sind Sie rein toll geworden! Wollen Sie ein Ende machen?

Kaja (verzweifelt). Lieber noch das. Denn ich m u ß — ich m u ß bei Ihnen bleiben dürfen! Ich k a n n nicht von Ihnen gehen! Es wäre ja rein — rein unmöglich!

Solneß (platzt heraus). Aber zum Teufel — was wird's mit Ragnar! Es ist ja eben Ragnar, den ich —

Kaja (sieht ihn mit erschreckten Augen an). Ist's hauptsächlich wegen Ragnar, daß — daß Sie —?

Solneß (faßt sich). Ach nein, keine Spur, gewiß nicht! Sie begreifen aber auch gar nichts. (Sanft und leise.) Sie sind's natürlich, die ich dahaben will. Allererst Sie, Kaja. Aber gerade darum müssen Sie Ragnar zureden, daß er auch in seiner Stellung bleibt. Na, lassen Sie es gut sein — und jetzt gehen Sie nach Hause.

Kaja. Nun ja, gute Nacht also.

Solneß. Gute Nacht. (Indem sie sich zum Gehen anschickt.) Ach, hören Sie mal! Sind Ragnars Zeichnungen drinnen?

Kaja. Ich glaube. Wenigstens bemerkte ich nicht, daß er sie mitnahm.

Solneß. Dann gehen Sie hinein — und holen Sie sie mir. Ich könnte Sie vielleicht doch ein bißchen ansehen.

Kaja (erfreut). Ach, thun Sie das doch ja!

Solneß. Um Ihretwillen, liebe Kaja. Na, holen Sie sie mir also geschwind, hören Sie!

Kaja (eilt ins Zeichenzimmer hinein, wühlt ängstlich in der Schublade herum, holt eine Mappe hervor und bringt sie). Da sind alle die Zeichnungen.

Solneß. Schön. Legen Sie sie dorthin auf den Tisch.

Kaja (legt die Mappe von sich). Gute Nacht also (bittend) und denken Sie gut und lieb von mir.

Solneß. Ach, das thue ich ja immer. Gute Nacht, liebe kleine Kaja. (Er blickt verstohlen nach rechts.) So gehen Sie doch!

Frau Solneß und **Doktor Herdal** (kommen durch die Thür rechts; Herdal ist ein älterer, wohlbeleibter Herr mit rundem, zufriedenem Gesicht, bartlos, hat dünnes helles Haar und trägt eine goldene Brille).

Sechster Auftritt.

Die Vorigen. Frau Solneß. Doktor Herdal.

Frau Solneß (noch in der Thüröffnung). Halvard, jetzt kann ich den Doktor nicht länger halten.

Solneß. Na, kommen Sie nur herein.

Frau Solneß (zu Kaja). Schon fertig mit dem Brief, Fräulein?

Kaja (welche die Pultlampe herunterschraubt, verwirrt). Der Brief —?

Solneß. Es war nur ein ganz kurzer Brief.

Frau Solneß. Recht kurz muß er gewesen sein.

Solneß. Bitte, gehen Sie nur, Fräulein Fosli. Und dann sind Sie morgen zu rechter Zeit wieder da.

Kaja. Gewiß. — Gute Nacht, gnädige Frau. (Ab durch die Vorzimmerthür.)

Frau Solneß. Du kannst recht froh sein, Halvard, daß du das Fräulein da bekommen hast.

Solneß. Ja freilich. Die läßt sich zu vielerlei Dingen verwenden.

Frau Solneß. Es scheint so.

Herdal. Tüchtig in der Buchführung nebenbei?

Solneß. Na — einige Übung hat sie sich immerhin angeeignet in den zwei Jahren. Und dann ist sie gutmütig und willig zu allem, was man von ihr verlangt.

Frau Solneß. Das muß allerdings eine große Annehmlichkeit sein —

Solneß. Das ist's auch. Besonders wenn man nicht verwöhnt ist in dieser Beziehung.

Frau Solneß (mit mildem Vorwurf). Kannst du d a s behaupten, Halvard?

Solneß. Ach nein, nein, liebe Aline. Ich bitte um Verzeihung.

Frau Solneß. Keine Ursache. — Also Doktor, Sie kommen nachher wieder und trinken den Thee mit uns?

Herdal. Sobald ich den Krankenbesuch da gemacht habe, komme ich.

Frau Solneß. Sehr liebenswürdig. (Ab durch die Thüre rechts.)

Siebenter Auftritt.

Solneß. Doktor Herdal.

Solneß. Haben Sie Eile, Doktor?

Herdal. Durchaus nicht.

Solneß. Wir können also ein wenig miteinander plaudern?

Herdal. Wird mir sehr angenehm sein.

Solneß. Dann setzen wir uns. (Er weist dem Doktor den Platz im Schaukelstuhl an und setzt sich selbst in den Lehnstuhl; mit einem forschenden Blick.) Sagen Sie mir — merkten Sie Aline etwas an?

Herdal. Soeben, während sie hier war, meinen Sie?

Solneß. Ja. Mir gegenüber. Merkten Sie etwas?

Herdal (lächelnd). Na, hören Sie mal — das m u ß t e man ja wohl merken, daß Ihre Frau — hm —

Solneß. Nun?

Herdal. Daß Ihre Frau keine besondere Vorliebe hat für dieses Fräulein Fosli.

Solneß. Weiter nichts? D a s habe ich schon selber bemerkt.

Herdal. Und ein Wunder ist es ja eigentlich nicht.

Solneß. Was denn?

Herdal. Daß sie es nicht gerade gern sieht, wenn Sie da tagtäglich ein anderes Frauenzimmer um sich haben.

Solneß. Nun, darin können Sie recht haben. Und Aline auch. Aber d a s — das kann nun einmal nicht anders sein.

Herdal. Könnten Sie sich denn nicht einen Buchhalter anschaffen?

Solneß. Den ersten besten Kerl? Nein, da dank' ich — damit ist mir nicht gedient.

Herdal. Aber wenn nun Ihre Frau —? So schwach, wie sie ist — Wenn sie's nun nicht aushält, die Sache mitanzusehen?

Solneß. Na, dann mag's in Gottes Namen so sein — hätt' ich beinahe gesagt. Ich muß Kaja Fosli behalten. Kann niemand anderen brauchen als gerade die.

Herdal. Niemand anderen?

Solneß. Nein, niemand anderen.

Herdal (seinen Stuhl näher rückend). Jetzt hören Sie mal, lieber Herr Solneß. Erlauben Sie mir eine Frage ganz im Vertrauen?

Solneß. Bitte.

Herdal. Frauenzimmer, sehen Sie — die haben in gewissen Dingen einen verflucht feinen Spürsinn —

Solneß. Den haben sie. Das ist so wahr wie nur irgend etwas. Aber —?

Herdal. Nun gut. Hören Sie weiter. Wenn nun Ihre Frau diese Kaja Fosli schlechterdings nicht ausstehen kann —?

Solneß. Nun, was dann?

Herdal. Hat sie dann nicht so 'nen — 'nen ganz winzig kleinen Grund zu dieser unwillkürlichen Abneigung?

Solneß (blickt ihn an und erhebt sich). Oho!

Herdal. Nehmen Sie mir's nicht übel. Aber h a t sie das nicht?

Solneß (kurz und bestimmt). Nein.

Herdal. Nicht den allermindesten Grund also?

Solneß. Keinen anderen Grund als ihr eigenes Mißtrauen.

Herdal. Ich weiß, daß Sie in Ihrem Leben verschiedene Frauen gekannt haben.

Solneß. Das leugne ich nicht.

Herdal. Und auch, daß Sie einzelne davon ganz gern gehabt haben.

Solneß. O ja, das auch.

Herdal. Aber in dieser Sache mit Fräulein Fosli —? Hier ist also nichts derartiges mit im Spiele?

Solneß. Nein. Absolut nichts — m e i n e r s e i t s .

Herdal. Aber von der andern Seite?

Solneß. Danach, scheint mir, haben Sie kein Recht zu fragen, Doktor.

Herdal. Es war der Spürsinn Ihrer Frau, von dem wir ausgingen.

Solneß. Richtig. Und insofern — (Er senkt die Stimme.) Alines Spürsinn, wie Sie's nennen — der hat sich denn auch gewissermaßen erprobt.

Herdal. Na — sehen Sie wohl!

Solneß (setzt sich). Doktor Herdal — jetzt will ich Ihnen eine sonderbare Geschichte erzählen. Wenn Sie sie anhören wollen, heißt das.

Herdal. Sonderbare Geschichten höre ich immer gern.

Solneß. Nun gut. Sie entsinnen sich jedenfalls, daß ich Knut Brovik und seinen Sohn in meinen Dienst nahm — damals, als es mit dem Alten so sehr bergab gegangen war.

Herdal. Das ist mir so ziemlich bekannt, jawohl.

Solneß. Denn sie sind im Grunde ein paar tüchtige Kerle, die beiden, wissen Sie. Sie haben Anlagen, jeder auf seine Art. Da bekam aber der Sohn den Einfall, sich zu verloben. Und nun, natürlich, wollte er auch heiraten — und anfangen selber zu baumeistern. Denn alle miteinander denken sie nun einmal an solche Geschichten, die jungen Leute.

Herdal (lachend). Sie haben in der That die üble Gewohnheit, daß sie gern einander kriegen wollen.

Solneß. Gut. Damit konnte aber m i r nicht gedient sein. Denn Ragnar hatte ich ja selber nötig. Und den Alten auch. Der ist nämlich ausgezeichnet zu verwenden bei Berechnungen von Tragfähigkeit und Kubikinhalt — und all dem Teufelszeug, wissen Sie.

Herdal. Nun ja, das gehört wohl auch mit dazu.

Solneß. Allerdings. Aber Ragnar, der wollte auf eigene Hand beginnen um jeden Preis. Da war alles Reden umsonst.

Herdal. Dann blieb er ja aber trotzdem bei Ihnen.

Solneß. Jetzt passen Sie nur auf. Eines Tages also, da kommt diese Kaja Fosli zu ihnen herauf, um etwas auszurichten. War früher nie hier gewesen. Und als ich sah, wie herzlich die zwei ineinander vergafft waren, da kam mir plötzlich der Gedanke: hätte ich nur das Mädchen hier im Bureau, dann bliebe vielleicht Ragnar auch bei mir sitzen.

Herdal. Das war ein ganz erklärlicher Gedanke.

Solneß. Gewiß. Damals aber ließ ich keine Silbe von so etwas fallen. Ich stand nur da und sah sie an — und wünschte so recht beharrlich, ich hätte sie hier. Dann sagte ich ihr ein paar freundliche Worte — sprach von ganz gleichgültigen Dingen. Und darauf ging sie.

Herdal. Nun?

Solneß. Den nächsten Tag aber, zur Abendzeit, als der alte Brovik und Ragnar heimgegangen waren, da kam sie wieder her zu mir und benahm sich, als hätte ich mit ihr eine Abrede getroffen.

Herdal. Eine Abrede? Worüber?

Solneß. Genau über das, was ich mir nur so gewünscht hatte. Wovon mir aber kein einziges Wort entschlüpft war.

Herdal. Das war recht merkwürdig.

Solneß. Ja, nicht wahr? Und nun wollte sie wissen, was sie hier zu thun bekäme. Ob sie den folgenden Morgen gleich anfangen dürfte. Und dergleichen mehr.

Herdal. Glauben Sie nicht, daß sie es that, um mit ihrem Bräutigam beisammen zu sein?

Solneß. Anfangs war das auch m e i n e Idee. Aber nein, so verhielt sich's nicht. I h m entglitt sie, sozusagen vollständig — als sie erst hierher gekommen war zu mir.

Herdal. Da glitt sie wohl zu Ihnen hinüber?

Solneß. Ganz und gar. Ich merke, daß sie es fühlt, wenn ich hinter ihr bin und sie ansehe. Sie bebt und sie zittert, so oft ich nur in ihre Nähe komme. Was halten Sie davon?

Herdal. Hm — das läßt sich schon erklären.

Solneß. Nun gut, aber dann das andere? Daß sie glaubte, ich hätte ihr gesagt, was ich bloß gewünscht und gewollt hatte — so in aller Stille. Inwendig. Ganz für mich. Was sagen Sie d a zu? Können Sie mir so etwas erklären, Herr Doktor?

Herdal. Nein, darauf lasse ich mich nicht ein.

Solneß. Das dachte ich mir im voraus. Darum habe ich bisher auch nie davon reden wollen. Aber auf die Dauer fällt mir die Sache verdammt lästig, begreifen Sie wohl. Da muß ich tagtäglich herumgehen und thun, als ob ich — Und es ist ja eine Sünde gegen das arme Ding. (Heftig.) Aber ich k a n n nicht anders. Denn rennt sie von mir fort — so macht sich auch Ragnar auf den Weg.

Herdal. Und Ihrer Frau haben Sie diesen ganzen Zusammenhang nie erzählt?

Solneß. Nein.

Herdal. Du lieber Gott, warum thun Sie denn das nicht?

Solneß (sieht ihn fest an und sagt gedämpft). Weil's mir vorkommt wie — wie so eine Art wohlthuende Selbstquälerei, wenn ich mir von Aline Unrecht geschehen lasse.

Herdal (schüttelt den Kopf). Davon verstehe ich kein Sterbenswörtchen.

Solneß. Ja, sehen Sie — so trage ich doch gleichsam ein bißchen ab von einer bodenlosen, ungeheuern Schuld —

Herdal. Ihrer Frau gegenüber?

Solneß. Jawohl. Und das erleichtert ja immerhin das Gemüt ein wenig. Dann kann man eine Weile freier aufatmen, wissen Sie.

Herdal. Nein, da begreif ich, weiß Gott, kein Wort —

Solneß (kurz abbrechend, indem er sich aufs neue erhebt). Schon gut — reden wir nicht mehr davon. (Er geht nachlässigen Schrittes durchs Zimmer, kehrt um, bleibt am Tische stehen und blickt den Doktor mit einem launigen Lächeln an.) Jetzt, Doktor, meinen Sie wohl, daß Sie mich recht schön aufs Glatteis geführt haben?

Herdal (etwas ärgerlich). Aufs Glatteis? Davon fasse ich a u c h nicht ein Tüpfelchen, Herr Solneß.

Solneß. Ach, sagen Sie's nur rein heraus. Ich hab's ja doch sehr wohl bemerkt, hören Sie!

Herdal. Was haben Sie bemerkt?

Solneß (gedämpft, langsam). Daß Sie da so ganz harmlos herumgehen und mich im Auge behalten.

Herdal. Ich thäte das! Du lieber Himmel, warum sollte ich denn das thun?

Solneß. Weil Sie glauben, daß ich — (Aufbrausend.) Na, zum Teufel — weil Sie von mir dasselbe glauben, was Aline glaubt!

Herdal. Und was glaubt denn Ihre Frau von Ihnen?

Solneß (sich wieder beherrschend). Sie hat angefangen, zu glauben, ich wäre so — wie soll ich sagen — krank.

Herdal. Krank! Sie! Davon hat sie mir nie eine Silbe gesagt. Und was sollte Ihnen denn fehlen, bester Herr Solneß?

Solneß (beugt sich über die Stuhllehne und flüstert). Aline geht mit der Idee herum, ich wäre verrückt. Das ist's, was sie glaubt.

Herdal. Aber liebster, bester Herr Solneß —!

Solneß. So wahr ich lebe, sie thut's —! So ist es. Und das hat sie auch Ihnen eingeredet. O ich versichere Sie, Doktor — ich merke es Ihnen nur zu deutlich an. Ich laß mich nämlich nicht so leicht hinters Licht führen, will ich Ihnen sagen.

Herdal (ihn verwundert anblickend). Niemals, Herr Solneß, — niemals ist mir der leiseste Gedanke an so etwas gekommen.

Solneß (mit einem ungläubigen Lächeln). So? Wirklich nicht?

Herdal. Nein, niemals! Und Ihrer Frau gewiß auch nie. Darauf, glaub ich, könnte ich getrost einen Eid ablegen.

Solneß. Na, das sollen Sie doch lieber bleiben lassen. Denn gewissermaßen, sehen Sie, da — da könnte sie wohl auch Grund haben, so was zu denken.

Herdal. Nein, da muß ich gestehen —!

Solneß (ihn unterbrechend, macht eine Handbewegung). Schon gut, lieber Doktor — gehen wir auf die Sache nicht näher ein. Mag jeder seine Ansicht für sich behalten. (Er geht zu einer stillen Leutseligkeit über.) Aber hören Sie mal, Doktor — hm —

Herdal. Nun?

Solneß. Wenn Sie nun also nicht glauben, daß ich — so — krank bin — und verrückt — und toll und so weiter —

Herdal. Was dann, meinen Sie?

Solneß. Dann bilden Sie sich natürlich ein, ich wäre ein außerordentlich glücklicher Mann?

Herdal. Sollte das nur eine Einbildung sein?

Solneß (lachend). I Gott bewahre, wo wollen Sie denn hin! Denken Sie nur — der Baumeister Solneß zu sein! Halvard Solneß! Alle Achtung!

Herdal. Nun, ich muß gestehen, m i r kommt's vor, als hätten Sie ganz unglaubliches Glück gehabt.

Solneß (unterdrückt ein schwermütiges Lächeln). Das hab' ich auch. In d e r Beziehung kann ich mich nicht beklagen.

Herdal. Gleich anfangs, da brannte Ihnen ja die garstige alte Räuberburg nieder. Und das war doch wirklich eine große Chance.

Solneß (ernst). Es war Alines Elternhaus, das da

niederbrannte. Vergessen Sie d a s nicht.

Herdal. Für Ihre Frau muß es allerdings recht traurig gewesen sein.

Solneß. Sie hat's heute noch nicht verwunden. In all' den dreizehn, vierzehn Jahren nicht.

Herdal. Das, was hinterher kam, das war wohl der schwerste Schlag für sie.

Solneß. Beides miteinander.

Herdal. Aber Sie — Sie selbst — Sie schwangen sich dabei empor. Da hatten Sie angefangen wie ein armer Bursch vom Lande — und jetzt stehen Sie da als der erste in Ihrem Fach. Wissen Sie was, Herr Solneß, S i e haben wahrhaftig Glück gehabt.

Solneß (mit einem scheuen Blick auf ihn). Jawohl, aber das ist's ja eben, wovor mir so entsetzlich graut.

Herdal. Es graut Ihnen? Darum, weil Sie Glück haben?

Solneß. Früh und spät ist mir angst und bang. Denn einmal muß doch wohl der Umschwung kommen, verstehen Sie.

Herdal. Ach was! Woher sollte der Umschwung kommen?

Solneß (fest und sicher). Der kommt von der Jugend.

Herdal. Pah! Die Jugend! S i e sind doch wohl nicht abgenutzt, sollt ich meinen. O nein — Sie stehen jetzt so festgemauert da, wie vielleicht niemals zuvor.

Solneß. Der Umschwung kommt. Ich ahne ihn. Und ich fühle, daß er näher rückt. Irgend einer drängt sich heran mit der Forderung: Tritt zurück vor m i r ! Und alle die andern stürmen ihm nach und drohen und schreien: Platz gemacht — Platz — Platz! Jawohl, passen Sie nur auf, Doktor. Eines Tages, da kommt die Jugend hierher und klopft an die Thür —

Herdal (lachend). Na, du lieber Gott, was dann?

Solneß. Was dann? Ja, dann ist's aus mit dem Baumeister Solneß.

(Es klopft an die Thüre links.)

Solneß (zusammenfahrend). Was ist denn d a s ? Hörten Sie etwas?

Herdal. Es klopfte jemand.

Solneß (laut). Herein!

Hilde Wangel (tritt durch die Vorzimmerthür ein; sie ist von mittlerer Größe, geschmeidig, fein gebaut, von der Sonne ein wenig gebräunt; Touristenanzug, das Kleid ein bißchen aufgeschürzt, umgeschlagenen Matrosenkragen, ein Seemannshütchen auf den Kopf, Ranzen auf dem Rücken, Plaid in einem Riemen, und mit einem langen Bergstock).

Achter Auftritt.

Die Vorigen. Hilde Wangel.

Hilde Wangel (geht mit freudefunkelnden Augen auf Solneß zu). Guten Abend!

Solneß (sieht sie ungewiß an). Guten Abend —

Hilde (lachend). Ich glaube fast, Sie erkennen mich nicht wieder!

Solneß. Ich muß allerdings gestehen — so im Augenblick —

Herdal (nähert sich). Aber ich erkenne Sie wieder, Fräulein —

Hilde (vergnügt). Ach, S i e sind's —!

Herdal. Ja freilich bin ich's. (Zu Solneß.) Wir trafen uns diesen Sommer im Hochgebirge. (Zu Hilde.) Was wurde denn später aus den übrigen Damen?

Hilde. Ach die, die gingen nachher westwärts.

Herdal. Denen war's gewiß nicht recht, daß wir abends den vielen Unsinn trieben.

Hilde. Nein, recht wird's ihnen kaum gewesen sein.

Herdal (mit dem Finger drohend). Und leugnen können Sie's auch nicht, daß Sie ein bißchen mit uns kokettierten.

Hilde. Das war doch wohl amüsanter als dazusitzen und Strümpfe zu stricken mit all' den Weibern.

Herdal (lachend). Darin bin ich mit Ihnen vollkommen einig.

Solneß. Sind Sie diesen Abend angekommen?

Hilde. Jawohl, soeben kam ich an.

Herdal. Ganz allein, Fräulein Wangel?

Hilde. Gewiß.

Solneß. Wangel? Heißen Sie Wangel?

Hilde (sieht ihn lustig-verwundert an). Ja freilich thu' ich das.

Solneß. Dann sind Sie vielleicht eine Tochter vom Bezirksarzt oben in Lysanger?

Hilde (wie oben). Ja, von wem sollte ich denn sonst die Tochter sein?

Solneß. Nun, dann haben wir uns also da oben getroffen. Den Sommer, als ich dort war und den Turm baute für die alte Kirche.

Hilde (etwas ernster). Ja freilich war's damals.

Solneß. Nun, das ist lange her.

Hilde (sieht ihn fest an). Genau zehn Jahre ist's her.

Solneß. Und damals waren Sie wohl ein reines Kind, mein' ich.

Hilde (leicht hinwerfend). Immerhin so zwölf, dreizehn Jahre alt.

Herdal. Ist's das erste Mal, daß Sie hier in der Stadt sind, Fräulein Wangel?

Hilde. Jawohl.

Solneß. Und Sie kennen vielleicht niemand hier?

Hilde. Niemand außer Ihnen. Und dann Ihre Frau.

Solneß. So, d i e kennen Sie auch?

Hilde. Ein klein wenig nur. Wir waren einige Tage zusammen im Kurort —

Solneß. Ach, im Hochgebirge.

Hilde. Sie sagte, ich könnte sie besuchen, wenn ich einmal nach der Stadt käme. (Lächelnd.) Das hätte sie übrigens nicht nötig gehabt.

Solneß. Daß sie davon gar nicht gesprochen hat —

Hilde (stellt den Bergstock an den Ofen hin, schnallt den Ranzen ab und legt ihn mit dem Plaid aufs Sofa).

Herdal (will ihr behilflich sein).

Solneß (steht da und sieht sie an).

Hilde (auf ihn zugehend). Nun, da bitt' ich also darum, diese Nacht hier bleiben zu dürfen.

Solneß. Das läßt sich gewiß sehr wohl machen.

Hilde. Ich habe nämlich keine anderen Kleider, als die, in denen ich gehe. Das heißt, etwas Wäsche im Ranzen habe ich auch. Die muß aber gewaschen werden; denn sie ist so sehr schmutzig.

Solneß. Ach, da kann schon Abhilfe geschafft werden. Jetzt will ich nur gleich meiner Frau —

Herdal. Dann mache ich meinen Krankenbesuch derweile.

Solneß. Thun Sie das. Und später kommen Sie doch wieder.

Herdal (lustig, mit einem Blick auf Hilde). Na, darauf können Sie Ihren Kopf zum Pfand geben! (Lachend.) Sie prophezeiten dennoch richtig, Herr Solneß!

Solneß. Wie so!

Herdal. Die Jugend kam also d o c h und klopfte bei Ihnen an.

Solneß (aufgeräumt). Aber freilich auf andere Art.

Herdal. Allerdings. Ist nicht zu leugnen! (Ab durch die Vorzimmerthür.)

N e u n t e r   A u f t r i t t .

Solneß. Hilde. Dann **Frau Solneß.**

Solneß (öffnet die Thüre rechts und spricht ins Seitenzimmer hinein). Aline! Sei so gut und komm' herein. Es ist ein Fräulein Wangel da, die du kennst.

Frau Solneß (erscheint in der Thüröffnung). W e r ist da, sagst du? (Sie erblickt Hilde.) Ach, Sie sind es, Fräulein? (Sie nähert sich und reicht ihr die Hand.) So sind Sie dennoch nach der Stadt gekommen.

Solneß. Fräulein Wangel ist soeben angekommen. Und da möchte sie gern die Nacht über hierbleiben.

Frau Solneß. Hier bei uns? Mit Vergnügen.

Solneß. Um Ihre Sachen ein wenig auszubessern, verstehst du.

Frau Solneß. Ich werde mich Ihrer annehmen, so gut ich kann. Das ist ja nur meine Pflicht. Ihr Koffer kommt wohl nach?

Hilde. Ich habe keinen Koffer.

Frau Solneß. Nun, das läßt sich schon ordnen, will ich hoffen. Jetzt müssen Sie aber hier bei meinem Mann vorlieb nehmen solange. Dann sorge ich inzwischen dafür, daß Ihnen ein Zimmer etwas behaglich hergerichtet wird.

Solneß. Könnten wir nicht eine von den Kinderstuben nehmen? D i e sind ja vollständig bereit.

Frau Solneß. Das ginge wohl an. D o r t haben wir mehr als genug Platz. (Zu Hilde.) Setzen Sie sich doch und ruhen Sie sich ein bißchen aus. (Ab nach rechts.)

Zehnter Auftritt.

Solneß. Hilde Wangel.

Hilde (schlendert, die Hände auf dem Rücken, im Zimmer herum und sieht bald dieses, bald jenes an).

Solneß (steht vorn am Tisch, ebenfalls die Hände auf dem Rücken, und folgt ihr mit den Augen).

Hilde (bleibt stehen und sieht ihn an). Haben denn Sie mehrere

Kinderstuben?

Solneß. Drei Kinderstuben sind im Hause.

Hilde. Ist's möglich? Dann haben Sie wohl schrecklich viele Kinder?

Solneß. Nein. Wir haben keine Kinder. Aber jetzt können ja Sie hier das Kind sein einstweilen.

Hilde. Für diese Nacht, ja. Ich werde nicht schreien. Ich will versuchen zu schlafen wie ein Stein.

Solneß. Sie müssen in der That sehr müde sein, denk ich mir.

Hilde. O nein! Aber trotzdem — Es ist nämlich so furchtbar schön, so dazuliegen und zu träumen.

Solneß. Träumen Sie oft so in der Nacht?

Hilde. Jawohl! Fast immer.

Solneß. Wovon träumen Sie denn m e i s t e n s?

Hilde. Das sag ich heut Abend nicht. Ein anderes Mal — vielleicht. (Sie schlendert wieder durchs Zimmer, bleibt am Pulte stehen und wühlt ein wenig in den Büchern und Papieren herum.)

Solneß (nähert sich). Suchen Sie etwas?

Hilde. Nein, ich sehe mir nur das alles an. (Sie dreht sich um). Es ist vielleicht nicht erlaubt?

Solneß. O bitte.

Hilde. Sind Sie's, der in dem großen Protokollbuch schreibt?

Solneß. Nein, das thut die Buchhalterin.

Hilde. Ein Frauenzimmer?

Solneß (lächelnd). Ja freilich.

Hilde. So eine, die Sie hier bei sich haben?

Solneß. Gewiß.

Hilde. Ist die verheiratet?

Solneß. Nein, es ist ein Fräulein.

Hilde. Ah so.

Solneß. Aber jetzt heiratet sie wahrscheinlich bald.

Hilde. Um so besser für das Fräulein.

Solneß. Aber nicht eigentlich für mich. Dann hab ich nämlich niemand da, um mir zu helfen.

Hilde. Könnten Sie denn keine andere finden, die ebenso gut wäre.

Solneß. Vielleicht möchten S i e hier bleiben und — und ins Protokollbuch schreiben?

Hilde (sieht ihn von oben bis unten an). Da kommen Sie schön an! Nein, ich danke — davon wollen wir nichts wissen. (Sie schlendert wieder durchs Zimmer und setzt sich in den Schaukelstuhl.)

Solneß (geht ebenfalls an den Tisch heran).

Hilde (gleichsam fortfahrend). Denn hier kann man sich wohl auf andere Art zu schaffen machen, als mit so etwas. (Sie sieht ihn lächelnd an). Meinen Sie nicht auch?

Solneß. Versteht sich. Vor allem da wollen Sie natürlich Einkäufe machen und sich recht schön herausputzen.

Hilde (lustig). Nein, d a s , glaub ich, laß ich lieber bleiben.

Solneß. So?

Hilde. Jawohl; ich habe nämlich mein ganzes Geld

durchgebracht, müssen Sie wissen.

Solneß (lachend). Weder Koffer noch Geld also!

Hilde. Keines von beiden. Aber ich pfeif drauf — mir kann's jetzt gleich sein.

Solneß. Sehen Sie, d a s gefällt mir so recht an Ihnen.

Hilde. Nur das?

Solneß. Das eine mit dem andern. (Er setzt sich in den Lehnstuhl.) Lebt Ihr Vater noch?

Hilde. Jawohl, der Vater lebt.

Solneß. Und jetzt gedenken Sie vielleicht hier zu studieren?

Hilde. Nein, die Idee ist mir nicht gekommen.

Solneß. Aber Sie bleiben doch hier einige Zeit, hoffe ich?

Hilde. Das hängt von den Umständen ab. (Sie sitzt eine Weile da und blickt ihn, während sie sich schaukelt, halb ernsthaft, halb mit unterdrücktem Lächeln an; darauf nimmt sie den Hut ab und legt ihn vor sich auf den Tisch.) Baumeister?

Solneß. Ja?

Hilde. Sind etwa Sie sehr vergeßlich?

Solneß. Vergeßlich? Nicht daß ich wüßte.

Hilde. Aber wollen Sie denn g a r nicht mit mir reden von dem, was da droben vorfiel?

Solneß (einen Augenblick stutzig). Da droben in Lysanger? (Gleichgültig.) Nun, darüber ist doch nicht viel zu reden, scheint mir.

Hilde (sieht ihn vorwurfsvoll an). Wie können Sie nur so was sagen!

Solneß. Nun, dann reden Sie zu m i r darüber.

Hilde. Als der Turm fertig war, da hatten wir eine große Feier in der Stadt.

Solneß. Ja, d e n Tag vergesse ich nicht so leicht.

Hilde (lächelnd). Nicht? Das ist aber schön von Ihnen!

Solneß. Schön?

Hilde. Auf dem Kirchhof gab's Musik. Und viele, viele hundert Menschen. Wir Schulmädchen waren weiß gekleidet. Und alle miteinander hatten wir Fahnen.

Solneß. Ach ja, die Fahnen — deren erinnere ich mich nur zu gut!

Hilde. Dann stiegen Sie geradeswegs am Gerüst empor. Direkt hinauf bis zur allerobersten Stelle. Und einen großen Kranz hatten Sie mit. Und den hängten Sie auf ganz oben am Wetterhahn.

Solneß (kurz abbrechend). Ich war's damals so gewohnt. Das ist nämlich ein alter Brauch.

Hilde. Es war so wundervoll spannend, da unten zu stehen und zu Ihnen hinaufzublicken. Denkt nur, wenn er jetzt abstürzte! Er — der Baumeister selber!

Solneß (gleichsam ablenkend). Na, das hätte auch leicht geschehen können. Denn eine von den weißgekleideten Teufelsmädchen da — die gebärdete sich so wild und schrie so zu mir hinauf —

Hilde (freudestrahlend). „Es lebe der Baumeister Solneß!" Jawohl!

Solneß. Und schwenkte ihre Fahne so unsinnig hin und her — daß mir ganz wirr im Kopfe wurde vom Ansehen.

Hilde (leiser, ernsthaft). Das Teufelsmädel — das war ich!

Solneß (richtet die Augen starr auf sie). Davon bin ich jetzt überzeugt. Das m ü s s e n Sie gewesen sein.

Hilde (wieder lebhaft). Es war ja so entsetzlich schön und spannend. Ich konnte mir nicht denken, daß es in der ganzen Welt einen Baumeister gebe, der einen so ungeheuer hohen Turm bauen könnte. Und dann, daß Sie selber droben standen, an der allerobersten Spitze! Ein wirklicher lebendiger Mensch! Und daß Ihnen gar nicht ein bißchen schwindlig wurde! Das war's eigentlich, wovor einem am allermeisten — so — schwindelte.

Solneß. Woher wußten Sie denn so sicher, daß mir nicht —

Hilde (abwehrend). O nein! Pfui! Das sagte mir mein Inneres. Denn sonst hätten Sie ja oben nicht singen können.

Solneß (sie verwundert anblickend). Singen? Ich hätte gesungen?

Hilde. Ja, das thaten Sie doch wirklich.

Solneß (schüttelt den Kopf). Ich habe nie einen Ton gesungen in meinem Leben.

Hilde. Doch. Damals sangen Sie. Es hörte sich an wie Harfen hoch oben.

Solneß (gedankenvoll). Es ist doch etwas recht wunderliches — diese ganze Geschichte.

Hilde (schweigt eine Weile, sieht ihn an und sagt gedämpft). Aber dann — nachher — da kam ja das r i c h t i g e.

Solneß. Das richtige?

Hilde (funkelnd lebhaft). Ja, d a r a n brauch ich Sie wohl nicht zu erinnern?

Solneß. O doch, erinnern Sie mich d a r a n auch ein wenig.

Hilde. Entsinnen Sie sich nicht, daß für Sie ein großes Diner war im Klub?

Solneß. Gewiß. Das muß denselben Nachmittag gewesen sein. Denn den Morgen darauf reise ich ab.

Hilde. Und vom Klub her waren Sie zu uns für den Abend geladen.

Solneß. Das ist ganz richtig, Fräulein Wangel. Merkwürdig, wie gut Sie sich alle die Kleinigkeiten eingeprägt haben.

Hilde. Kleinigkeiten! S i e sind aber köstlich! War das auch vielleicht eine Kleinigkeit, daß ich a l l e i n war in der Stube, als Sie kamen?

Solneß. Waren S i e das also?

Hilde (ohne ihm zu antworten). Damals nannten Sie mich nicht Teufelsmädel.

Solneß. Nein, das that ich hoffentlich nicht.

Hilde. Sie sagten, ich wäre wunderschön in dem weißen Kleide. Und daß ich aussähe wie eine kleine Prinzessin.

Solneß. Das thaten Sie gewiß auch, Fräulein Wangel. Und nebenbei — so leicht und frei, wie ich mich an dem Tage fühlte —

Hilde. Und dann sagten Sie, wenn ich erst groß wäre, sollte ich I h r e Prinzessin sein.

Solneß (lacht ein wenig). Ei, ei — sagte ich das auch?

Hilde. Jawohl, das thaten Sie. Und als ich dann fragte, wie lange ich warten sollte, da sagten Sie, Sie kämen in zehn Jahren wieder — wie ein Unhold — und entführten mich. Nach Spanien oder irgend so einem Lande. Und dort würden Sie mir ein Königreich kaufen, versprachen Sie.

Solneß (wie oben). Ja, nach einem guten Diner geht man immer sehr flott mit dem Gelde um. Aber s a g t e ich denn das alles?

Hilde (lacht leise). Freilich. Und Sie sagten auch, wie das Königreich heißen sollte.

Solneß. Nun —?

Hilde. Es sollte das Königreich Apfelsinia heißen.

Solneß. Nun, das war ja ein appetitlicher Name.

Hilde. Mir gefiel er aber gar nicht. Denn es war ja, als ob Sie sich über mich lustig machen wollten.

Solneß. Das war aber doch gewiß nicht meine Absicht.

Hilde. Nein, das war ja allerdings auch nicht anzunehmen. Nach dem, was Sie darauf thaten, da —

Solneß. Was um Himmels willen that ich denn darauf?

Hilde. Na, das fehlte gerade, daß Sie das auch vergessen hätten! Denn so etwas muß einer doch behalten, sollt ich meinen.

Solneß. Bringen Sie mich nur ein wenig darauf, dann wird's vielleicht — Nun?

Hilde (blickt ihn fest an). Sie küßten mich, Baumeister!

Solneß (erhebt sich mit offenem Munde). Ich that das?

Hilde. Jawohl, das thaten Sie. Sie faßten mich mit beiden Armen und bogen mir den Kopf zurück und küßten mich. Vielmal nacheinander.

Solneß. Aber ich bitte Sie, Fräulein Wangel —!

Hilde (erhebt sich). Sie wollen es doch nicht leugnen?

Solneß. Doch — das leugne ich entschieden!

Hilde (sieht ihn geringschätzig an). Ah so! (Sie dreht sich um und geht langsamen Schrittes dicht an den Ofen hin; dort bleibt sie stehen, den Blick abgewandt, regungslos, die Hände auf dem Rücken.)

(Kurze Pause.)

Solneß (nähert sich behutsam und bleibt hinter ihr stehen). Fräulein Wangel —?

Hilde (schweigt, rührt sich nicht).

Solneß. Stehen Sie doch nicht da wie eine Salzsäule. Was Sie da erzählten, das muß Ihnen geträumt haben. (Er legt die Hand auf ihren Arm). Hören Sie nur —

Hilde (macht mit dem Arm eine ungeduldige Bewegung).

Solneß (als ob ein Gedanke in ihm aufblitze). Oder sollte —! Warten Sie ein wenig —! Da steckt etwas tieferes dahinter, glauben Sie mir!

Hilde (rührt sich nicht).

Solneß (gedämpft, aber mit Nachdruck). Ich muß an das alles g e d a c h t haben. Ich muß es g e w o l l t haben. Es gewünscht, dazu L u s t gehabt. Und da — Sollte es nicht so zusammenhängen?

Hilde (schweigt noch immer).

Solneß (ungeduldig). Na ja, zum Kuckuck — dann hab ich's g e t h a n!

Hilde (dreht den Kopf ein wenig zur Seite, jedoch ohne ihn anzusehen). Sie gestehen also?

Solneß. Jawohl. Alles, was Sie wollen.

Hilde. Daß Sie die Arme um mich schlangen?

Solneß. Jawohl!

Hilde. Und mir den Kopf zurückbogen?

Solneß. Sehr weit zurück.

Hilde. Und mich küßten?

Solneß. Ja, das that ich.

Hilde. Vielmal nacheinander?

Solneß. So viel Sie nur wollen.

Hilde (dreht sich rasch zu ihm um und hat von neuem den freudenfunkelnden Ausdruck in den Augen). Nun, sehen Sie, da hab ich's d o c h aus Ihnen herausgelockt!

Solneß (verzieht den Mund zu einem kleinen Lächeln). Ja, denken Sie nur — daß ich so was vergessen konnte.

Hilde (wieder ein wenig schmollend, geht von ihm weg). Ach, S i e haben wohl so viele in Ihrem Leben geküßt, kann ich mir vorstellen.

Solneß. Nein, d a s müssen Sie doch nicht von mir glauben.

Hilde (setzt sich in den Lehnstuhl).

Solneß (bleibt stehen, indem er sich auf den Schaukelstuhl stützt und blickt sie spähend an). Fräulein Wangel?

Hilde. Ja?

Solneß. Wie war das doch? Was geschah denn weiter — zwischen uns beiden, mein ich?

Hilde. Da geschah ja gar nichts mehr. Das wissen Sie doch wohl. Denn dann kamen ja die andern Fremden, und dann — pros't Mahlzeit!

Solneß. Richtig! Die andern kamen. Daß ich auch das vergessen konnte.

Hilde. Ach, Sie haben wahrhaftig nichts vergessen. Sie haben sich nur ein bißchen geschämt. So was vergißt einer doch nicht, sollt' ich meinen.

Solneß. Nein, das sollte man ja annehmen.

Hilde (wieder lebhaft, sieht ihn an). Oder haben Sie etwa auch vergessen, an welchem Tag es war?

Solneß. An welchem Tag —?

Hilde. Jawohl. An welchem Tag hängten Sie den Kranz am den Turm? Nun? Sagen Sie's gleich!

Solneß. Hm — das Datum hab' ich weiß Gott vergessen. Ich kann nur sagen, daß es vor zehn Jahren war. So zur Herbstzeit.

Hilde (nickt mehrmals langsam mit dem Kopf). Es war vor zehn Jahren. Am neunzehnten September.

Solneß. Das wird's gewesen sein. So — so, das haben Sie auch noch behalten! (Er hält inne.) Aber warten Sie ein wenig —! Gewiß — heute haben wir auch den neunzehnten September.

Hilde. Jawohl. Und die zehn Jahre sind um. Und Sie kamen nicht — wie Sie mir's versprochen hatten.

Solneß. Versprochen? Womit ich Ihnen Angst gemacht hatte, meinen Sie wohl?

Hilde. Es scheint mir nicht, daß d a s etwas zum Angstmachen war.

Solneß. Nun, dann war's also etwas, womit ich mich lustig machte?

Hilde. Nur d a s wollten Sie? Sich über mich lustig machen?

Solneß. Na, oder sagen wir: ein wenig mit Ihnen scherzen. Ich weiß es, Gott verzeih mir, nicht mehr. Aber irgend so was ist es wohl gewesen. Denn Sie waren ja nur ein Kind damals.

Hilde. O ein pures Kind war ich denn doch nicht. Nicht so ein angehender Backfisch, wie S i e glauben.

Solneß (sieht sie forschend an). Haben Sie die ganze Zeit wirklich in vollem Ernst gedacht, ich würde wiederkommen.

Hilde (verhehlt ein halb neckisches Lächeln). Freilich! Das hatte ich mir von Ihnen erwartet.

Solneß. Daß ich ins Haus kommen würde zu den Ihrigen und Sie mitnehmen?

Hilde. Genau wie ein Unhold, jawohl.

Solneß. Und Sie zur Prinzessin machen?

Hilde. Das versprachen Sie mir ja.

Solneß. Und Ihnen ein Königreich geben noch dazu?

Hilde (blickt zur Decke empor). Warum denn nicht? Es brauchte ja nicht gerade so ein gewöhnliches richtiges Königreich zu sein.

Solneß. Aber etwas anderes, was ebensogut wäre?

Hilde. Mindestens ebensogut. (Sie sieht ihn ein wenig an.) Konnten Sie die höchsten Kirchtürme der Welt bauen, da mußten Sie wohl auch für so was wie ein Königreich Rat schaffen können — dachte ich mir.

Solneß (schüttelt den Kopf). Ich kann aus Ihnen nicht recht klug werden, Fräulein Wangel.

Hilde. Nicht? Mir kommt das Ding so einfach vor.

Solneß. Nein, ich kann nicht herausbringen, ob Sie das alles meinen, was Sie sagen. Oder ob Sie nur dasitzen und Unsinn treiben —

Hilde (lächelnd). Mich lustig machen etwa? Wie damals Sie?

Solneß. Ganz recht. Daß Sie sich lustig machen. Über uns beide. (Mit einem Blick auf sie.) Haben Sie lange gewußt, daß ich verheiratet bin?

Hilde. Freilich, das habe ich die ganze Zeit gewußt. Warum fragen Sie danach?

Solneß (leicht hinwerfend). Ach, es fiel mir nur so ein. (Er sieht sie ernst an und sagt gedämpft.) Warum sind Sie hergekommen?

Hilde. Weil ich mein Königreich haben will. Jetzt ist ja die Frist um.

Solneß (lacht unwillkürlich). Sie sind kostbar!

Hilde (lustig). Heraus mit meinem Königreich, Baumeister! (Mit dem Finger klopfend.) Das Königreich auf den Tisch!

Solneß (rückt den Schaukelstuhl näher und setzt sich). Ernsthaft gesprochen — warum sind Sie hergekommen? Was wollen Sie eigentlich hier thun?

Hilde. Nun, fürs erste will ich herumgehen und mir alles ansehen, was Sie gebaut haben.

Solneß. Da können Sie lange herumlaufen.

Hilde. Freilich, Sie haben ja so furchtbar viel gebaut.

Solneß. Das hab' ich. Meist in den letzten Jahren.

Hilde. Viele Kirchtürme auch? Solche ungeheuer hohe?

Solneß. Nein. Ich baue jetzt keine Kirchtürme mehr. Und auch keine Kirchen.

Hilde. Was bauen Sie denn jetzt?

Solneß. Heimstätten für Menschen.

Hilde (nachdenklich). Könnten Sie nicht auch über den Heimstätten da so'n wenig — so Kirchtürme machen?

Solneß (stutzt). Was meinen Sie damit?

Hilde. Ich meine — etwas, was emporzeigt — frei in die Luft hinauf. Mit dem Wetterhahn in schwindelnder Höhe.

Solneß (grübelt ein wenig). Merkwürdig genug, daß Sie das sagen. Denn das ist's ja eben, was ich am allerliebsten möchte.

Hilde (ungeduldig). Aber warum thun Sie's dann nicht?

Solneß (schüttelt den Kopf). Die Menschen wollen's nicht so haben.

Hilde. Denken Sie nur — daß die das nicht wollen!

Solneß (in leichterem Ton). Jetzt baue ich mir aber ein neues Heim. Hier gerade gegenüber.

Hilde. Für Sie selber?

Solneß. Jawohl. Es ist beinahe fertig. Und auf d e m ist ein Turm.

Hilde. Ein hoher Turm?

Solneß. Jawohl.

Hilde. S e h r hoch?

Solneß. Die Leute werden gewiß sagen, daß er z u hoch ist. Für ein Wohnhaus wenigstens.

Hilde. Den Turm da will ich mir ansehen, gleich morgen früh.

Solneß (sitzt da, das Kinn auf die Hand gestützt, und starrt sie an). Sagen Sie mir, Fräulein Wangel — wie heißen Sie? Mit dem Vornamen, meine ich.

Hilde. Ich heiße ja Hilde.

Solneß (wie oben). Hilde? So?

Hilde. Haben Sie denn d a s nicht behalten? Sie nannten mich ja selber Hilde. Den Tag, da Sie ungezogen waren.

Solneß. D a s that ich auch?

Hilde. Damals sagten Sie aber: k l e i n e Hilde. Und das gefiel mir nicht.

Solneß. So, das gefiel Ihnen nicht, Fräulein Hilde?

Hilde. Nein. Bei d e r Gelegenheit nicht. Übrigens — „Prinzessin Hilde" — Das wird sich ganz gut ausnehmen, scheint mir.

Solneß. Gewiß. Prinzessin Hilde von — von — Wie hieß nur gleich das Königreich?

Hilde. Ach was! Von d e m dummen Königreich will ich nichts wissen. Ich wünsche mir ein ganz anderes!

Solneß (hat sich zurückgelehnt und blickt sie immer noch unverwandt an). Ist's nicht sonderbar —? Je mehr ich jetzt darüber nachdenke — da kommt's mir vor, als wäre ich lange Jahre herumgegangen und hätte mich damit abgequält — hm —

Hilde. Womit?

Solneß. Auf etwas zu kommen — so etwas E r l e b t e s , von dem ich meinte, ich müßte es vergessen haben. Aber nie fand ich heraus, was das sein könnte.

Hilde. Sie hätten einen Knoten ins Taschentuch machen sollen, Baumeister.

Solneß. Dann hätte ich nur daran herumgegrübelt, was wohl der Knoten zu bedeuten hätte.

Hilde. Ja ja, es giebt wohl auch s o l c h e Unholde in der Welt.

Solneß (steht langsam auf). Es war ein großes Glück, daß S i e jetzt kamen.

Hilde (blickt ihn tief an). W a r ' s ein Glück?

Solneß. Denn ich saß hier so allein. Und starrte so ganz hilflos auf alle die Dinge. (Leiser.) Ich will Ihnen sagen — ich habe angefangen solche Angst zu bekommen — so entsetzliche Angst vor der Jugend.

Hilde (wegwerfend). Pah — vor der Jugend brauchen Sie doch keine Angst zu haben!

Solneß. Doch; gerade vor d e r . Darum hab' ich mich auch eingeschlossen und eingeriegelt. (Geheimnisvoll.) Sie müssen nämlich wissen, daß die Jugend herkommen wird und an die Thüre donnern. Daß sie zu mir hereinstürmen wird.

Hilde. Dann, meine ich, sollten Sie einfach hinausgehen und der Jugend aufmachen.

Solneß. Aufmachen?

Hilde. Freilich. So daß die Jugend zu Ihnen hineindürfte. So in aller Güte.

Solneß. Nein, nein! Die Jugend — sehen Sie — die ist die Wiedervergeltung. Sie geht dem Umschwung voran. Wie unter einer neuen Fahne.

Hilde (erhebt sich, blickt ihn an und sagt, indem es um ihre Mundwinkel zuckt). Können Sie m i c h zu etwas brauchen, Baumeister?

Solneß. Ja, jetzt kann ich's wahrhaftig! Denn S i e kommen auch — gleichsam unter einer neuen Fahne, scheint es mir. Jugend gegen Jugend also —!

Doktor Herdal (kommt durch die Vorzimmerthür herein).

Elfter Auftritt.

Die Vorigen. Doktor Herdal.

Herdal. Nun — Sie und das Fräulein sind noch immer hier?

Solneß. Wir beide haben vielerlei zu reden gehabt.

Hilde. Altes und neues.

Herdal. Wirklich?

Hilde. O das ist sehr amüsant gewesen. Der Baumeister — der hat nämlich ein ganz unglaubliches Gedächtnis. Alle möglichen Kleinigkeiten, deren entsinnt er sich auf der Stelle.

Frau Solneß (kommt durch die Thüre rechts herein).

Zwölfter Auftritt.

Die Vorigen. Frau Solneß.

Frau Solneß. So, Fräulein Wangel, jetzt ist das Zimmer für Sie in Ordnung.

Hilde. Ach, wie lieb Sie gegen mich sind!

Solneß (zu seiner Frau). Die Kinderstube?

Frau Solneß. Jawohl, die mittlere. Aber zuerst wollen wir wohl zu Tisch gehen.

Solneß (nickt Hilde zu). Hilde, die soll in der Kinderstube schlafen.

Frau Solneß (sieht ihn an). Hilde?

Solneß. Fräulein Wangel heißt nämlich Hilde. Ich habe sie gekannt, als sie noch ein Kind war.

Frau Solneß. Ei, was du sagst, Halvard. Also bitte, meine Herrschaften. Der Tisch ist gedeckt. (Sie nimmt den Arm des Doktors und geht mit ihm nach rechts hinaus).

Hilde (hat inzwischen ihre Reiseeffekten zusammengerafft; leise und schnell zu Solneß). Ist das wahr, was sie da sagten? K ö n n e n Sie mich zu etwas brauchen?

Solneß (nimmt ihr die Sachen weg). S i e sind die, die ich am schwersten vermißt habe.

Hilde (blickt ihn mit froh erstaunten Augen an und schlägt die Hände zusammen). Aber mein Gott —!

Solneß (gespannt). Nun?

Hilde. Dann h a b ich ja das Königreich!

Solneß (unwillkürlich). Hilde —!

Hilde (indem es wieder um ihre Mundwinkel zuckt). B e i n a h e — hätt' ich fast gesagt. (Sie geht nach rechts hinaus.)

Solneß (folgt ihr).

Zweiter Aufzug.

Ein hübsch ausgestatteter kleiner Salon beim Baumeister Solneß.

An der Hinterwand eine Glasthür auf die Veranda und den Garten hinaus. Rechts eine stumpfe Ecke mit Erker, worin Blumenzierrat, und an dem ein großes Fenster angebracht ist. Links ebenfalls eine stumpfe Ecke; an dieser eine kleine Tapetenthür. An jeder Seitenwand eine gewöhnliche Thür. Rechts vorn Konsoltisch mit großem Spiegel. Blumen und Pflanzen in reicher Aufstellung. Links vorn Sofa mit Tisch und Stühlen. Weiter zurück ein Bücherschrank. Vor dem Erker ein Tischchen und ein paar Stühle.

(Es ist früh vormittags.)

Erster Auftritt.

Solneß. Frau Solneß. Dann **Kaja Fosli**.

Solneß (sitzt am Tischchen, die Mappe Ragnar Broviks vor sich aufgeschlagen; er blättert in den Zeichnungen und sieht einzelne genau an).

Frau Solneß (geht mit einer kleinen Wasserkanne unhörbaren Schrittes herum und macht sich mit den Blumen zu schaffen; sie ist schwarzgekleidet wie zuvor; ihr Hut, Mantel und Sonnenschirm liegen auf einem Stuhl am Spiegel).

Solneß (folgt ihr ein paar Mal unvermerkt mit den Augen. Keines von beiden redet).

Kaja Fosli (erscheint, leise auftretend, in der Thür links).

Solneß (wendet den Kopf zu ihr hin und sagt in gleichgültigem Ton). Ach, S i e sind's?

Kaja. Ich wollte nur melden, daß ich da wäre.

Solneß. Schon gut. Ist Ragnar auch da?

Kaja. Nein, noch nicht. Er mußte noch ein wenig zu Hause bleiben und auf den Arzt warten. Aber nachher, da wollte er herkommen und sich erkundigen —

Solneß. Wie steht's mit dem Alten heute?

Kaja. Schlecht. Er läßt sich recht sehr entschuldigen, daß er den Tag über liegen bleiben müßte.

Solneß. Ach was, entschuldigen. Der soll nur ruhig liegen bleiben. So, jetzt gehen Sie an Ihre Arbeit.

Kaja. Jawohl. (Sie bleibt an der Thür stehen.) Wollen Sie vielleicht mit Ragnar reden, wenn er kommt?

Solneß. Nein — ich wüßte nichts Besonderes.

Kaja (nach links ab).

Zweiter Auftritt.

Solneß. Frau Solneß.

Solneß (blättert in den Zeitungen weiter).

Frau Solneß (bei den Pflanzen). Ich möchte doch wissen, ob er nicht a u c h stirbt.

Solneß (blickt zu ihr hin). Der auch? Wer denn noch?

Frau Solneß (ohne zu antworten). Ja, ja, der alte Brovik — der stirbt jetzt wohl auch, Halvard. Paß nur auf.

Solneß. Liebe Aline, möchtest du nicht ausgehen und dir ein wenig Bewegung machen?

Frau Solneß. Ja, das sollte ich wohl eigentlich thun. (Sie macht sich fortdauernd mit den Blumen zu schaffen.)

Solneß (über die Zeichnungen gebeugt). Schläft sie noch?

Frau Solneß (sieht ihn an). Ist es Fräulein Wangel, an die du da denkst?

Solneß (gleichgültig). Sie kam mir so zufällig in den Sinn.

Frau Solneß. Fräulein Wangel ist schon lange auf.

Solneß. So — so.

Frau Solneß. Als ich drinnen war, da war sie damit beschäftigt, ihre Sachen auszubessern. (Sie stellt sich vor den Spiegel hin und setzt langsam den Hut auf).

Solneß (nach einer kurzen Pause). So konnten wir dennoch von einer Kinderstube Gebrauch machen, Aline?

Frau Solneß. Allerdings.

Solneß. Und das ist ja immerhin besser, als daß alles leer steht.

Frau Solneß. Diese Leere ist entsetzlich. Darin hast du recht.

Solneß (macht die Mappe zu, steht auf und nähert sich ihr). Du wirst schon sehen, Aline, daß es hernach besser für uns wird. Viel gemütlicher. Leichter zu leben. — Besonders für dich.

Frau Solneß (sieht ihn an). Hernach?

Solneß. Ja, glaub mir, Aline —

Frau Solneß. Meinst du — weil s i e hergekommen ist?

Solneß (bezwingt sich). Ich meine natürlich — wenn wir erst ins neue Haus eingezogen sind.

Frau Solneß (nimmt ihren Mantel). Ja, glaubst du das, Halvard? Daß es d a n n besser wird?

Solneß. Ich kann mir's nicht anders denken. Und das glaubst doch jedenfalls du auch?

Frau Solneß. Ich glaube gar nichts von dem neuen Hause.

Solneß (verstimmt). Das ist allerdings für mich verdrießlich zu hören. Denn ich habe es doch wohl hauptsächlich um deinetwillen gebaut. (Er will ihr beim Anziehen des Mantels behilflich sein).

Frau Solneß (indem sie sich seiner Hilfe entzieht). Im Grunde thust du doch viel zu viel um meinetwillen.

Solneß (mit einer gewissen Heftigkeit). Nein, nein, so was darfst du durchaus nicht sagen, Aline! Ich ertrage es nicht, solche Dinge von dir zu hören!

Frau Solneß. Nun, dann will ich es nicht mehr sagen, Halvard.

Solneß. Aber ich bleib bei meiner Meinung. Du wirst schon sehen, wie gut du dich zurechtfinden wirst da drüben im neuen Hause.

Frau Solneß. Ach Gott — ich mich zurechtfinden —!

Solneß (eifrig). Doch, doch! Darauf kannst du dich verlassen! Denn dort, siehst du — dort ist so unglaublich viel, was dich an dein eigenes Heim erinnern wird.

Frau Solneß. An das, wo der Vater und die Mutter drin gewohnt hatten. — Und das dann abbrannte — alles miteinander.

Solneß (gedämpft). Ja, ja, du arme Aline. Das war für dich ein furchtbar harter Schlag.

Frau Solneß (in Klagen ausbrechend). Du magst bauen so viel und so lange du nur willst, Halvard — m i r baust du niemals ein richtiges Heim mehr auf!

Solneß (im Zimmer umhergehend). Nun, dann reden wir in Gottes Namen nicht mehr von alledem.

Frau Solneß. Wir pflegen ja sonst auch nie davon zu reden. Denn du schiebst es nur von dir —

Solneß (bleibt plötzlich stehen und sieht sie an). I c h ? Und warum sollt ich denn d a s thun? Es von mir schieben?

Frau Solneß. Ach, ich verstehe dich ja so wohl, Halvard. Du willst mich ja so gern schonen. Und mich entschuldigen auch. Alles — was du nur kannst.

Solneß (sie erstaunt anblickend). D i c h ! D i c h entschuldigen! Von dir s e l b e r redest du, Aline!

Frau Solneß. Ja, da muß doch wohl von mir die Rede sein.

Solneß (unwillkürlich vor sich hin). D a s auch noch!

Frau Solneß. Denn mit dem alten Hause — mit dem mochte es noch gehen, wie es wollte. Du lieber Gott — wenn das Unglück nun einmal da war, dann —

Solneß. Darin hast du recht. Fürs Unglück kann man nicht — wie die Leute sagen.

Frau Solneß. Aber das Entsetzliche, das der Brand nach sich zog —! D a s ist es! D a s ist es!

Solneß (heftig). Nur nicht d a r a n denken, Aline!

Frau Solneß. Doch, gerade d a r a n muß ich denken. Und endlich einmal davon herausreden auch. Denn es kommt mir vor, als könnte ich es nicht länger ertragen! Und dann, daß ich mir niemals selber verzeihen darf —!

Solneß (mit einem Ausbruch). Dir selber —!

Frau Solneß. Ich hatte ja doch Pflichten nach zwei Seiten hin. Sowohl gegen dich wie gegen die Kleinen. Ich hätte mich unempfindlich machen sollen. Nicht den Schrecken so über mich Herr werden lassen. Auch nicht den Kummer darüber, daß mir das Heim abgebrannt war. (Sie ringt die Hände.) Ach, hätte ich nur gekonnt, Halvard!

Solneß (nähert sich, erschüttert, leise). Aline — du mußt mir versprechen, daß du solchen Gedanken nie mehr nachgehen wirst. Versprich mir das ja!

Frau Solneß. Ach Gott — versprechen! Versprechen! Man kann ja alles mögliche versprechen —

Solneß (preßt die Hände zusammen und geht im Zimmer umher). Ach, es ist doch zum Verzweifeln! Niemals ein Sonnenstrahl! Nie soviel wie nur ein Streiflicht ins Heim hinein!

Frau Solneß. Hier i s t ja kein Heim, Halvard.

Solneß. Ach nein, das ist nur zu wahr. (Schwermütig.) Und Gott weiß, ob du nicht darin recht behältst, daß es im neuen Hause auch nicht besser für uns wird!

Frau Solneß. Das wird es nie werden. Ebenso leer. Ebenso öde. Dort wie hier.

Solneß (heftig). Aber um's Himmels willen, warum haben wir's dann erst gebaut? Kannst du mir das erklären?

Frau Solneß. Nein, darauf mußt du dir selber Antwort geben.

Solneß (blickt mißtrauisch zu ihr hin). Was meinst du damit, Aline?

Frau Solneß. Was ich meine?

Solneß. Ja doch, zum Teufel —! Du sagtest es so sonderbar. Als ob du dabei einen verborgenen Gedanken hättest.

Frau Solneß. Nein, da kann ich dich wahrhaftig versichern —

Solneß (nähert sich ihr). Ist gar nicht nötig — ich weiß schon, was ich weiß. Und sehen und hören thu' ich auch, Aline. Darauf kannst du dich verlassen!

Frau Solneß. Was denn aber? Was denn?

Solneß (stellt sich vor sie hin). Witterst du etwa nicht einen tückischen versteckten Sinn in dem unschuldigsten Wort, das ich nur sage?

Frau Solneß. I c h , sagst du! Thu e i c h das?

Solneß (lacht). Hahaha! Das ist ja kein Wunder, Aline! Wenn du dich mit einem kranken Mann im Hause abquälen mußt, dann —

Frau Solneß (angstvoll). Krank! Bist du krank, Halvard!

Solneß (herausplatzend). Oder ein halbtoller Mann! Ein verrückter Mann! Nenn' mich, wie du willst!

Frau Solneß (greift nach der Stuhllehne und setzt sich). Halvard — um's Himmels willen —!

Solneß. Aber ihr irrt euch beide. Sowohl du als der Doktor. So steht's nicht mit mir. (Er geht auf und ab.)

Frau Solneß (folgt ihm ängstlich mit den Augen).

Solneß (geht zu ihr hin, ruhig). Im Grunde fehlt mir nicht das Geringste.

Frau Solneß. Nein, nicht wahr! Aber was hast du dann?

Solneß. Die Sache ist die, daß ich manchmal fast zusammenbreche unter dieser entsetzlichen Schuldenlast —

Frau Solneß. Schulden, sagst du! Aber du bist ja niemand etwas schuldig, Halvard!

Solneß (leise, bewegt). Doch — ich bin in bodenloser Schuld — d i r gegenüber, Aline.

Frau Solneß (erhebt sich langsam). Was steckt hier dahinter? Sag' es lieber gleich.

Solneß. Aber es s t e c k t ja nichts dahinter! Ich habe dir nie etwas Böses zugefügt. Jedenfalls nicht mit Wissen und Willen. Und trotzdem habe ich die Empfindung, als ob eine erdrückende Schuld fortwährend auf mir lastete.

Frau Solneß. Eine Schuld m i r gegenüber?

Solneß. Am meisten dir gegenüber.

Frau Solneß. Dann bist du dennoch — krank, Halvard.

Solneß (schwermütig). Das wird's wohl sein. Oder etwas ähnliches. (Er blickt nach der Thüre rechts, die sich öffnet.) Da! Jetzt wird's wieder hell.

Hilde Wangel (kommt herein; sie hat an ihrem Anzug einzelnes geändert; das Kleid ist herabgelassen).

Dritter Auftritt.

Die Vorigen. Hilde Wangel.

Hilde. Guten Morgen, Baumeister!

Solneß (nickt ihr zu). Gut geschlafen?

Hilde. Wundervoll! Wie in einer Wiege. O — ich habe

dagelegen und mich gestreckt wie — wie eine Prinzessin.

Solneß (lächelt ein wenig). Wohlauf und munter also.

Hilde. Das sollt ich meinen.

Solneß. Jedenfalls auch geträumt?

Hilde. Freilich. Das war aber unheimlich.

Solneß. So?

Hilde. Mir träumte nämlich, ich stürzte von einer ungeheuer hohen steilen Felswand hinab. Träumen denn Sie nie so was?

Solneß. O ja — zuweilen, da —

Hilde. Es ist so entsetzlich spannend — wenn einer so fällt und fällt.

Solneß. Es ist so ein eisiges Gefühl, scheint's mir.

Hilde. Ziehen Sie die Beine in die Höhe, wenn's kommt?

Solneß. So weit hinauf, wie ich nur kann.

Hilde. Das thu' ich auch.

Frau Solneß (nimmt ihren Sonnenschirm). Jetzt muß ich wohl in die Stadt, Halvard. (Zu Hilde.) Und dann bring' ich Verschiedenes mit nach Hause, was Sie nötig haben können.

Hilde (will ihr um den Hals fallen). Ach, liebste reizende Frau Solneß! Sie sind aber doch zu lieb gegen mich! Furchtbar lieb —

Frau Solneß (abwehrend, sich losmachend). Ach, durchaus nicht. Das ist ja einfach meine Pflicht. Und darum thue ich es so gern.

Hilde (verdrossen, spitzt die Lippen). Übrigens meine ich, daß ich mich ganz gut auf der Straße zeigen könnte — so hübsch, wie ich's jetzt zurechtgebracht habe. Oder k a n n ich das etwa nicht?

Frau Solneß. Aufrichtig gesprochen, glaube ich schon, daß Ihnen die Leute ein wenig nachblicken würden.

Hilde (geringschätzig). Pah! Weiter nichts? Das ist ja nur spaßhaft.

Solneß (übler Laune, die er zu verhehlen sucht). Ja, sehen Sie, die Leute könnten aber auf die Idee kommen, S i e wären auch verrückt.

Hilde. Verrückt? Giebt's denn so viele Verrückte in der Stadt?

Solneß (zeigt auf seine Stirn). Da sehen Sie wenigstens e i n e n von ihnen.

Hilde. S i e — Baumeister!

Frau Solneß. Aber bester Halvard!

Solneß. Haben Sie denn d a s noch nicht bemerkt?

Hilde. Nein, das hab' ich allerdings nicht bemerkt. (Sie besinnt sich und lacht ein wenig.) Oder doch — in einem einzigen Punkt vielleicht.

Solneß. Nun, hörst du wohl, Aline?

Frau Solneß. Was ist denn das für ein Punkt, Fräulein Wangel?

Hilde. Nein, das sag' ich nicht.

Solneß. Ach, sagen Sie's doch!

Hilde. O nein — so verrückt bin ich nicht.

Frau Solneß. Wenn du mit Fräulein Wangel allein bist,

dann sagt sie es schon, Halvard.

Solneß. So — glaubst du?

Frau Solneß. Ei gewiß. Du kennst sie ja doch so gut von früher. Von der Zeit, da sie noch ein Kind war — sagtest du. (Ab durch die Thüre links.)

Vierter Auftritt.

Solneß. Hilde Wangel.

Hilde (nach einer kleinen Pause). Ihre Frau — kann denn die mich gar nicht leiden?

Solneß. Kam es Ihnen vor, als ob ihr so etwas anzumerken war?

Hilde. Merkten Sie's denn selber nicht?

Solneß (ausweichend). Aline ist so menschenscheu geworden in den letzten Jahren.

Hilde. Das auch noch?

Solneß. Aber wenn Sie sie erst recht kennen lernten — Sie ist nämlich so treu — und gut — und brav, im Grunde genommen —

Hilde (ungeduldig). Aber wenn sie das alles ist — warum redet sie denn dann von Pflicht?

Solneß. Von Pflicht?

Hilde. Sie sagte ja, sie wollte in die Stadt und mir etwas kaufen. Weil es ihre P f l i c h t wäre — sagte sie. O ich kann das häßliche, garstige Wort nicht ausstehen!

Solneß. Warum denn nicht?

Hilde. Es hört sich so kalt und spitzig und stechend an. Pflicht — Pflicht — Pflicht. Finden S i e das nicht auch? Daß es einen gleichsam sticht?

Solneß. Hm — hab' drüber so genau nicht nachgedacht.

Hilde. Doch! Und wenn sie so gut ist — wie Sie von ihr behaupten — warum brauchte sie denn so was zu sagen?

Solneß. Du lieber Gott, was hätte sie denn sagen sollen?

Hilde. Sie hätte ja sagen können, daß sie es thäte, weil sie mich so furchtbar gern hätte. So was hätte sie sagen können. Irgend etwas recht Warmes und Herzliches, wissen Sie.

Solneß (sieht sie an). Auf d i e Art wollen Sie's also haben?

Hilde. Ja, just auf d i e Art. (Sie schlendert im Zimmer umher, bleibt am Bücherschrank stehen und sieht sich die Bücher an.) Sie haben aber viele Bücher.

Solneß. 's geht an. Ich hab mir hin und wieder einige angeschafft.

Hilde. Lesen Sie auch in all den Büchern?

Solneß. Früher probierte ich's. Lesen S i e?

Hilde. O nein! Jetzt nie mehr. Denn den Zusammenhang find ich d o c h nie heraus.

Solneß. Gerade so geht's mir auch.

Hilde (geht wieder ein wenig herum, bleibt an dem Tischchen stehen, öffnet die Mappe und blättert darin.) Haben S i e das alles gezeichnet?

Solneß. Nein, das ist von einem jungen Mann, der bei mir angestellt ist.

Hilde. Einer, den S i e selber ausgebildet haben?

Solneß. Nun, er hat jedenfalls auch von m i r etwas gelernt.

Hilde (setzt sich). Dann ist er wohl s e h r tüchtig? (Sie sieht sich eine Zeichnung ein wenig an.) Ist er das nicht?

Solneß. Nicht übel. Für m e i n e n Gebrauch da —

Hilde. Doch, doch! Der ist gewiß ungeheuer tüchtig.

Solneß. Meinen Sie das den Zeichnungen ansehen zu können?

Hilde. Ach, was kümmere ich mich um den Plunder! Aber wenn er bei I h n e n in der Lehre gewesen ist, dann —

Solneß. Ach, was d a s betrifft — Da giebt's viele, die von m i r gelernt haben. Aber weiter bringen sie's darum doch nicht.

Hilde (sieht ihn kopfschüttelnd an). Nein, wie S i e dumm sein können, das geht doch über meinen Verstand.

Solneß. Dumm? Komme ich Ihnen denn so s e h r dumm vor?

Hilde. Ja, wahrhaftig. Wenn Sie sich dazu hergeben, alle die Kerle auszubilden, dann —

Solneß (stutzt). Nun? Und warum denn das nicht?

Hilde (steht auf, halb im Ernst, halb lachend). Ach nein, Baumeister! Wozu denn das! Kein anderer als Sie sollte bauen dürfen. Sie ganz allein. Alles sollten Sie selber machen. Jetzt wissen Sie's.

Solneß (unwillkürlich). Hilde —!

Hilde. Nun?

Solneß. Wie können Sie nur auf die Idee gekommen sein?

Hilde. Halten Sie sie denn für so ganz verkehrt?

Solneß. So war's nicht gemeint. Jetzt will ich Ihnen aber etwas sagen.

Hilde. Nun also?

Solneß. Da hab' ich mich unablässig — in der Stille und Einsamkeit — mit dem nämlichen Gedanken herumgebalgt.

Hilde. Nun, das ist ja ganz natürlich, scheint mir.

Solneß (sieht sie forschend an). Und das haben Sie jedenfalls schon bemerkt.

Hilde. Nein, das habe ich gar nicht bemerkt.

Solneß. Aber vorhin — als Sie sagten, Sie hielten mich für — verdreht? So in e i n e m Punkt —?

Hilde. Ach, da dachte ich an etwas ganz anderes.

Solneß. Und was war denn das andere?

Hilde. Das kann Ihnen ja gleich sein, Baumeister.

Solneß (entfernt sich). Na — wie Sie wollen. (Er bleibt am Erker stehen). Kommen Sie hierher, da zeige ich Ihnen etwas.

Hilde (nähert sich). Was denn?

Solneß. Sehen Sie — da drüben im Garten —?

Hilde. Ja?

Solneß (zeigt hinaus). Gerade über dem großen Steinbruch —?

Hilde. Das neue Haus, meinen Sie?

Solneß. An dem gebaut wird, jawohl. Fast ganz fertig.

Hilde. Es hat einen sehr hohen Turm, kommt's mir vor.

Solneß. Das Gerüst ist noch dran.

Hilde. Ist das Ihr neues Haus?

Solneß. Jawohl.

Hilde. Das Haus, in das Sie bald einziehen werden?

Solneß. Jawohl.

Hilde (sieht ihn an). Sind in dem Haus auch Kinderstuben?

Solneß. Drei, ebenso wie hier.

Hilde. Und keine Kinder.

Solneß. Kommen auch keine.

Hilde (mit einem halben Lächeln). Ja, hatt' ich da nicht recht —?

Solneß. Worin —?

Hilde. Darin, daß Sie d o c h so — ein wenig verrückt sind.

Solneß. D a r a n dachten Sie also?

Hilde. Ja, an alle die leeren Kinderstuben. Da, wo ich drin schlief.

Solneß (gedämpft). Wir h a b e n Kinder gehabt — Aline und ich.

Hilde (blickt ihn gespannt an). Haben S i e —!

Solneß. Zwei kleine Jungen. Beide waren — gleich alt.

Hilde. Zwillinge also.

Solneß. Ja, Zwillinge. Es ist jetzt elf oder zwölf Jahre her.

Hilde (behutsam). Und beide sind also —? Die Zwillinge haben Sie also jetzt nicht mehr?

Solneß (still bewegt). Wir behielten sie nur so drei Wochen. Oder nicht einmal so lange. (Mit einem Ausbruch.) Ach, Hilde, wie unglaublich gut ist es für mich, daß Sie kamen! Jetzt habe ich doch endlich jemand, mit dem ich reden kann.

Hilde. Können Sie denn das nicht auch mit — mit i h r ?

Solneß. Nicht von d e m da. Nicht so, wie ich will und muß. (Schwermütig.) Und auch nicht von so vielem andern.

Hilde (gedämpft). War's nur d a s , worauf Sie anspielten, als Sie sagten, Sie brauchten mich?

Solneß. D a s war's wohl am ehesten. Gestern jedenfalls. Denn heute weiß ich nicht mehr so recht — (Abbrechend.) Setzen wir uns doch, Hilde. Setzen Sie sich da aufs Sofa — so daß Sie den Garten vor Augen haben.

Hilde (setzt sich in die Sofaecke).

Solneß (rückt einen Stuhl näher). Haben Sie Lust mich anzuhören?

Hilde. Ja, ich höre Sie sehr, sehr gern an.

Solneß (setzt sich). Dann will ich Ihnen also alles sagen.

Hilde. Jetzt habe ich sowohl den Garten als Sie vor Augen, Baumeister. So, nun erzählen Sie! Gleich!

Solneß (zeigt gegen das Erkerfenster hin). Da draußen auf der Anhöhe — wo Sie also das neue Haus sehen —

Hilde. Ja?

Solneß. Dort wohnten Aline und ich in den ersten Jahren. Da droben lag nämlich damals ein altes Haus, das ihrer Mutter gehört hatte. Und das bekamen wir nach ihr. Und den ganzen großen Garten, den bekamen wir dazu.

Hilde. War auf d e m Hause auch ein Turm?

Solneß. Keine Spur von so etwas. Von außen nahm es sich

aus wie ein großer, häßlicher, dunkler Holzkasten. Aber inwendig war's doch ganz nett und gemütlich.

Hilde. Rissen Sie dann die alte Bude nieder?

Solneß. Nein. Sie brannte ab.

Hilde. Alles miteinander?

Solneß. Jawohl.

Hilde. War das für Sie ein rechtes Unglück?

Solneß. Je nachdem man's nimmt. Als Baumeister kam ich auf den Brand hin in die Höhe —

Hilde. Aber —?

Solneß. Die zwei kleinen Jungen waren damals gerade geboren —

Hilde. Richtig — die armen Zwillinge.

Solneß. Sie kamen so gesund und kräftig zur Welt. Und wachsen thaten sie, so daß man's förmlich sehen konnte von Tag zu Tag.

Hilde. Kleine Kinder wachsen sehr rasch in den ersten Tagen.

Solneß. Es war der herzigste Anblick, den einer sich nur gönnen konnte, Aline mit den beiden daliegen zu sehen. — Da kam aber die Brandnacht —

Hilde (gespannt). Was geschah! Sagen Sie's doch. Kam jemand um?

Solneß. Das nicht. Alle wurden wohlbehalten aus dem Hause gerettet —

Hilde. Nun, aber was weiter —?

Solneß. Der Schrecken hatte Aline so entsetzlich erschüttert. Der Feuerlärm — der Auszug aus dem Hause — Hals über Kopf — und das noch dazu in der eisigen Nachtkälte — Denn sie mußten ja hinausgetragen werden, so wie sie dalagen. Sowohl sie als die Kleinen.

Hilde. Und die vertrugen's nicht?

Solneß. Doch — d i e vertrugen's schon. Aber Aline bekam das Fieber. Und das ging in die Milch über. Selber ihre Amme sein, das hatte sie ja durchaus gewollt. Denn das wäre ihre Pflicht, sagte sie. Und unsere beiden Kleinen, die — (er preßt die Hände zusammen) die — oh!

Hilde. D a s überstanden sie nicht?

Solneß. Nein, d a s überstanden sie nicht. Das war's, was sie uns wegriß.

Hilde. Das muß furchtbar hart für Sie gewesen sein.

Solneß. Hart genug für mich. Aber zehn Mal härter für Aline. (Er ballt die Fäuste in verhaltener Wut.) O daß so etwas vorfallen darf in dieser Welt! Seit dem Tage, da ich sie verlor, baute ich ungern Kirchen.

Hilde. Vielleicht auch nicht gern den Kirchturm droben bei uns?

Solneß. Gern nicht. Ich weiß noch, wie froh und leicht mir zu Mute war, als der Turm da fertig war.

Hilde. Das weiß ich auch.

Solneß. Und jetzt baue ich nie — nie mehr so etwas! Weder Kirchen noch Kirchtürme.

Hilde (nickt langsam). Nur Häuser, wo Leute drin wohnen können.

Solneß. Heimstätten für Menschen, Hilde.

Hilde. Aber Heimstätten mit hohen Türmen und Spitzen.

Solneß. Das am liebsten. (Er geht zu einem leichteren Ton über). Ja, sehen Sie — wie gesagt — der Brand, der brachte mich empor. Als Baumeister, heißt das.

Hilde. Warum nennen Sie sich nicht Architekt wie die andern?

Solneß. Hab dazu nicht gründlich genug gelernt. Was ich kann, hab ich meistenteils selber ausgeheckt.

Hilde. Aber in die Höhe kamen Sie trotzdem, Baumeister.

Solneß. Nach dem Brande, ja. Fast den ganzen Garten zerstückelte ich in Bauplätze für Villen. Und dort durfte ich bauen, wie ich's selber haben wollte. Und da ging's ja reißend schnell mit mir vorwärts.

Hilde (sieht ihn forschend an). S i e sind gewiß ein sehr glücklicher Mann. So, wie's Ihnen geht.

Solneß (finster). Glücklich? Sagen S i e das auch? Wie alle die andern.

Hilde. Das müssen Sie doch sein, mein ich. Wenn Sie nur aufhören könnten an die zwei kleinen Kinder zu denken, dann —

Solneß (langsam). Die zwei kleinen Kinder — von denen ist es nicht so leicht loszukommen, Hilde.

Hilde (ein wenig unsicher). Sind sie immer noch ein so großes Hindernis? So lange, lange Zeit nachher?

Solneß (sieht sie fest an, ohne zu antworten). Ein glücklicher Mann, sagten Sie —

Hilde. Ja, aber s i n d Sie denn das nicht — im übrigen?

Solneß (sieht sie fortdauernd an). Als ich Ihnen die Geschichte vom Brande erzählte — hm —

Hilde. Nun!

Solneß. Kam Ihnen da nicht ein bestimmter Gedanke, der sich Ihnen — so ganz besonders aufdrängte?

Hilde (besinnt sich vergebens). Nein. Was sollte denn d a s für ein Gedanke sein?

Solneß (mit gedämpftem Nachdruck). Einzig und allein durch den Brand konnte ich dazu kommen, Heimstätten für Menschen zu bauen. Behagliche, trauliche, helle Heimstätten, wo Vater und Mutter und die ganze Kinderschar leben könnten in dem sichern und frohen Gefühl, daß es ein recht glückliches Los ist, d a z u s e i n in dieser Welt. Und am glücklichsten, einander anzugehören — im Großen und im Kleinen.

Hilde (eifrig). Jawohl, ist denn aber das nicht für Sie ein rechtes Glück, daß Sie solche reizende Heimstätten schaffen können?

Solneß. Der Preis, Hilde. Der entsetzliche Preis, den ich bezahlen mußte, um dazu zu kommen.

Hilde. Werden Sie sich denn darüber n i e hinwegsetzen können?

Solneß. Nein. Um dazu zu kommen, Heimstätten zu bauen für andere, mußte ich verzichten — für alle Zeiten darauf verzichten, selber ein Heim zu haben. Ich meine ein Heim für die Kinderschar. Und für Vater und Mutter auch.

Hilde (behutsam). Aber m u ß t e n Sie denn das? Für alle Zeiten, sagen Sie?

Solneß (nickt langsam). Das war der Preis für dieses Glück, von dem die Leute so viel reden. (Er atmet schwer.) Das Glück da —

hm — d a s Glück war nicht billiger zu erkaufen, Hilde.

Hilde (wie oben). Aber kann's mit dem nicht doch noch wieder gut werden?

Solneß. Nie. Niemals. Das ist auch eine Folge vom Brande. Und von Alines Krankheit darauf.

Hilde (sieht ihn mit einem unbestimmbaren Ausdruck an). Und doch bauen Sie immer noch alle die Kinderstuben.

Solneß (ernst). Haben Sie nie gemerkt, Hilde, daß das Unmögliche — daß das einen gleichsam lockt und ruft?

Hilde (denkt nach). Das Unmögliche? (Lebhaft.) Gewiß! Haben S i e ' s auch auf die Art?

Solneß. Ja, so hab ich's.

Hilde. Dann ist wohl auch in Ihnen so — so etwas vom Unhold?

Solneß. Warum gerade Unhold?

Hilde. Nun, wie wollen denn S i e so was nennen?

Solneß (erhebt sich). Mag sein, daß Sie recht haben. (Heftig.) Aber muß ich denn nicht zum Unhold w e r d e n — so wie's mir immer und ewig in allem geht! In allem!

Hilde. Wie meinen Sie das?

Solneß (gedämpft, in innerer Erregung). Achten Sie auf das, was ich Ihnen sage, Hilde. Alles, was mir vergönnt wurde zu wirken, zu bauen, zu schaffen, Schönes, Trauliches — Erhabenes auch — (Er ballt die Fäuste.) O es ist doch ein entsetzlicher Gedanke —!

Hilde. W a s ist so entsetzlich?

Solneß. Daß ich das alles unaufhörlich aufwägen muß. Dafür bezahlen. Nicht mit Geld. Aber mit Menschenglück. Und nicht mit meinem Glück allein. Mit dem Glücke anderer auch. Ja, da sehen Sie's, Hilde! D e n Preis hat mich mein Künstlerplatz gekostet — mich und andere. Und Tag für Tag muß ich ansehen, wie der Preis aufs neue für mich bezahlt wird. Wieder und wieder — und immer wieder!

Hilde (erhebt sich und blickt ihn unverwandt an). Jetzt denken Sie gewiß an — an s i e.

Solneß. Ja. Meist an Aline. Denn Aline — die hatte auch ihren Beruf im Leben. Ebenso wohl, wie ich den meinigen. (Mit bebender Stimme.) Aber ihr Beruf, der mußte verpfuscht, erdrückt, zermalmt werden — damit meiner mich vorwärts bringen könnte zu — zu dem, was aussieht wie ein großer Sieg. Denn das müssen Sie wissen. Aline — die hatte auch ihre Anlagen zum Bauen.

Hilde. Sie? Zum Bauen?

Solneß (schüttelt den Kopf). Keine Häuser und Türme und Pfeiler — nichts von dem, was ich selber treibe —

Hilde. Nun, aber w a s denn?

Solneß (weich und bewegt). Kleine Kinderseelen aufzubauen, Hilde. Kinderseelen aufzubauen, so daß sie groß werden in Gleichgewicht und in schönen edlen Formen. So daß sie sich erheben zu geraden erwachsenen Menschenseelen. D a s war's, wozu Aline Anlagen hatte. Und das alles, das liegt jetzt da. Ungebraucht — und unbrauchbar für immer. Und ohne das mindeste zu nützen. Genau wie die Schutthaufen nach einem Brande.

Hilde. Nun — wenn's aber auch so wäre —

Solneß. Es i s t so. Es i s t so. Ich weiß es.

Hilde. Nun gut, aber S i e sind doch jedenfalls nicht schuld daran.

Solneß (richtet den Blick auf sie und nickt langsam). Ja, wissen Sie, d a s ist eben die große entsetzliche Frage. D a s ist der Zweifel, der an mir nagt — früh und spät.

Hilde. D a s?

Solneß. Ja, setzen Sie mal den Fall, ich w ä r e schuld daran. Gewissermaßen wenigstens.

Hilde. Sie! An dem Brand!

Solneß. An allem. Alles miteinander. — Und dann vielleicht — ganz unschuldig trotzdem.

Hilde (sieht ihn besorgt an). Ach, Baumeister — wenn Sie so etwas sagen können — dann sind Sie ja dennoch — krank.

Solneß. Hm — werd wohl mein Leben lang auch nie recht gesund werden in dem Stück.

Ragnar Brovik (öffnet behutsam die kleine Thür in der Ecke links).

Fünfter Auftritt.

Die Vorigen. Ragnar Brovik.

Hilde (macht einige Schritte).

Ragnar (Hilde erblickend). O — Entschuldigen Sie, Herr Solneß — (Er will sich zurückziehen.)

Solneß. Nein, nein, bleiben Sie nur. Dann ist's gethan.

Ragnar. Ach ja — wär's nur so weit!

Solneß. Ihrem Vater geht's ja nicht besser, wie ich höre.

Ragnar. Mit dem Vater geht's rasch abwärts. Und darum bitte ich Sie recht inständig — geben Sie mir ein paar gute Worte auf einem von den Blättern! Etwas, was der Vater zu lesen bekommen kann, ehe er —

Solneß (heftig). Sie dürfen mir von Ihren Zeichnungen nicht mehr reden!

Ragnar. Haben Sie sie angesehen?

Solneß. Ja — das hab ich.

Ragnar. Und sie taugen nicht? Und ich tauge wohl auch nicht?

Solneß (ausweichend). Bleiben Sie hier bei mir, Ragnar. Sie sollen's bekommen, wie Sie's selber haben wollen. Dann können Sie Kaja heiraten. Sorgenfrei leben. Glücklich vielleicht auch. Nur denken Sie nie daran, auf eigene Hand zu bauen.

Ragnar. Ja, da muß ich also heimgehen und das dem Vater sagen. Denn das versprach ich ihm. — S o l l ich das dem Vater sagen — ehe er stirbt?

Solneß (mit sich selber ringend). Ach, sagen Sie ihm — sagen Sie ihm meinetwegen, was Sie wollen. Das beste ist, Sie sagen ihm gar nichts! Ich k a n n nicht anders handeln, als wie ich thue, Ragnar!

Ragnar. Darf ich also die Zeichnungen mitnehmen?

Solneß. Ja, nehmen Sie sie — nehmen Sie sie nur! Sie liegen dort auf dem Tisch.

Ragnar (geht hin). Ich bin so frei.

Hilde (legt die Hand auf die Mappen). Nein, nein, lassen Sie sie liegen.

Solneß. Warum denn?

Hilde. Ich will sie nämlich auch ansehen.

Solneß. Aber Sie h a b e n sie ja — (Zu Ragnar.) Nun, lassen Sie sie also hier liegen.

Ragnar. Sehr gern.

Solneß. Und dann gehen Sie gleich heim zu Ihrem Vater.

Ragnar. Ja, das muß ich wohl.

Solneß (wie verzweifelt). Ragnar — Sie d ü r f e n von mir nicht etwas verlangen, was ich nicht kann! Hören Sie, Ragnar! Sie d ü r f e n das nicht!

Ragnar. Nein, nein. Entschuldigen Sie — (Er verbeugt sich und geht zur Eckthür hinaus).

Sechster Auftritt.

Solneß. Hilde Wangel.

Hilde (sieht Solneß zornig an). Das war recht häßlich von Ihnen.

Solneß. Meinen S i e das auch?

Hilde. Ja, furchtbar häßlich war's. Und hart und böse und grausam noch dazu.

Solneß. Ach, Sie begreifen nicht, was in m i r vorgeht.

Hilde. Und doch — Nein, S i e sollen nicht so sein.

Solneß. Sie sagten ja selbst eben erst, nur _ich_ sollte bauen dürfen.

Hilde. So was kann ich sagen. Aber S i e dürfen's nicht.

Solneß. Ich wohl am meisten. So teuer, wie ich meinen Platz erkauft habe.

Hilde. Nun ja — mit etwas, was Sie häusliches Behagen nennen — und dergleichen.

Solneß. Und mit meinem Seelenfrieden obendrein.

Hilde (erhebt sich). Seelenfrieden! (Innig.) Ja, darin haben Sie recht! Armer Baumeister — Sie bilden sich ja ein, daß —

Solneß (von einem stillen Lachen geschüttelt). Setzen Sie sich nur wieder, Hilde. Da erzähle ich Ihnen etwas Spaßhaftes.

Hilde (gespannt, setzt sich). Nun also?

Solneß. Es nimmt sich aus, wie ein lächerlich kleines Ding. Denn die ganze Geschichte dreht sich bloß um eine Ritze in einer Schornsteinröhre.

Hilde. Weiter nichts?

Solneß. Anfangs war's weiter nichts. (Er rückt einen Stuhl an den Hildes näher heran und setzt sich.)

Hilde (ungeduldig, klopft sich aufs Knie). Die Ritze in der Schornsteinröhre also!

Solneß. Ich hatte die Ritze in der Röhre bemerkt, lange bevor das Feuer ausbrach. Jedesmal, wenn ich auf dem Dachboden droben war, sah ich nach, ob sie noch da wäre.

Hilde. Und das war sie?

Solneß. Jawohl. Denn niemand anders wußte darum.

Hilde. Und Sie sagten nichts?

Solneß. Gar nichts.

Hilde. Dachten auch nicht daran, die Röhre ausbessern zu lassen?

Solneß. Dachte schon daran — kam aber nie weiter. Jedesmal, wenn ich mich dranmachen wollte, war's mir gerade, als ob sich eine Hand dazwischen legte. Heute nicht, dachte ich. Morgen. Es wurde nie was daraus.

Hilde. Ja, warum waren Sie denn so eine Schlafmütze.

Solneß. Weil mir allerlei im Kopf herumging. (Langsam und gedämpft.) Durch die kleine schwarze Ritze in der Schornsteinröhre könnte ich mich vielleicht emporschwingen — als Baumeister.

Hilde (blickt vor sich hin). Das muß spannend gewesen sein.

Solneß. Unwiderstehlich fast. Ganz unwiderstehlich. Denn damals kam mir alles so leicht und so einfach vor. Ich wollte, es sollte so mitten im Winter sein. Ein wenig vor der Mittagsstunde. Ich sollte draußen sein und Aline im Schlitten spazieren fahren. Die Dienstboten zu Hause, die sollten stark geheizt haben.

Hilde. Jawohl, denn an dem Tage sollte es wohl furchtbar kalt sein?

Solneß. Schneidend kalt. Und da wollten sie's natürlich für Aline recht warm und gemütlich herrichten, bis sie heimkäme.

Hilde. Denn die friert gewiß leicht.

Solneß. Ja, das thut sie. Und dann, auf dem Heimwege, sollten wir den Rauch sehen.

Hilde. Bloß den Rauch?

Solneß. Zuerst den Rauch. Aber wenn wir das Gartenthor erreicht hätten, dann sollte der ganze alte Holzkasten von lodernden Feuermassen umhüllt sein. — Auf d i e Art wollte ich's haben, sehen Sie.

Hilde. Aber du lieber Gott, daß es so nicht kommen konnte!

Solneß. Ja, das können Sie schon sagen, Hilde.

Hilde. Jetzt hören Sie aber, Baumeister. Wissen Sie denn auch ganz bestimmt, daß das Feuer von der kleinen Ritze im Schornstein herrührte?

Solneß. Im Gegenteil. Ich weiß ganz bestimmt, daß die Ritze im Schornstein insofern mit dem Feuer gar nichts zu thun hatte.

Hilde. Was!

Solneß. Es ist völlig erwiesen, daß das Feuer in einer Kleiderkammer ausbrach — in einem ganz andern Teil des Hauses.

Hilde. Ja, was faseln Sie denn dann immerfort von der ewigen Ritze im Schornstein!

Solneß. Darf ich noch ein wenig mit Ihnen weiterreden, Hilde?

Hilde. Ja, wenn Sie nur vernünftig reden wollen —

Solneß. Ich will's versuchen. (Er rückt seinen Stuhl näher.)

Hilde. Also heraus mit der Sprache, Baumeister.

Solneß (vertraulich). Glauben Sie nicht auch, Hilde, daß es einzelne auserkorene, auserwählte Menschen giebt, denen die Gnade verliehen wurde und die Macht und die Fähigkeit, etwas zu w ü n s c h e n , etwas zu b e g e h r e n , etwas zu w o l l e n — so beharrlich und so — so unerbittlich — daß sie es zuletzt bekommen m ü s s e n . Glauben Sie das nicht?

Hilde (mit einem unbestimmbaren Ausdruck in den Augen). Wenn d a s der Fall ist, dann werden wir schon einmal sehen — ob i c h zu den Auserkorenen gehöre.

Solneß. A l l e i n wirkt einer so große Dinge nicht. O nein — die Helfer und die Diener — die müssen schon auch dabei sein, wenn's zu was werden soll. Aber die kommen nie von selber. Man muß sie recht beharrlich rufen. So inwendig, verstehen Sie.

Hilde. Was sind denn das für Helfer und Diener?

Solneß. Ach, davon können wir ein anderes Mal reden. Bleiben wir jetzt bei der Geschichte mit dem Brand.

Hilde. Glauben Sie nicht, daß der Brand trotzdem gekommen wäre — wenn Sie ihn auch n i c h t herbeigewünscht hätten?

Solneß. Hätte das Haus dem alten Knut Brovik gehört, d e m wär's gar nie so gelegen abgebrannt. Davon bin ich überzeugt. Denn der versteht nicht die Helfenden zu rufen, und die Dienenden auch nicht. (Unruhig, steht auf.) Sehen Sie, Hilde — ich bin's also doch, der daran schuld ist, daß die zwei Kleinen das Leben einbüßen mußten. Und bin ich nicht auch etwa daran schuld, daß Aline nicht zu dem geworden ist, was sie werden sollte und konnte. Und was sie am liebsten wollte.

Hilde. Ja, wenn es nun aber bloß diese Helfer und Diener sind, dann —?

Solneß. Wer rief die Helfer und Diener? Das that i c h ! Und da kamen sie und unterwarfen sich meinem Willen. (In steigender Erregung.) D a s ist's, was die Leute „Glück haben" nennen. Aber i c h will Ihnen sagen, wie das Glück empfunden wird! Es wird empfunden wie eine große hautlose Stelle hier auf der Brust. Und die Helfer und Diener nehmen Hautfetzen von andern Menschen, um m e i n e Wunde zu schließen! Aber die Wunde heilt doch nicht zu. Nie — niemals! Ach, wenn Sie wüßten, wie das zuweilen saugt und brennt.

Hilde (sieht ihn aufmerksam an). Sie s i n d krank, Baumeister. Schwer krank, glaub ich fast.

Solneß. Sagen Sie verrückt, denn das meinen Sie ja.

Hilde. Nein, am Verstande, glaub ich, fehlt Ihnen weiter nichts.

Solneß. Wo fehlt's mir denn? Heraus damit!

Hilde. Ob die Sache nicht d i e ist, daß Sie mit einem kränklichen Gewissen zur Welt gekommen sind.

Solneß. Mit einem kränklichen Gewissen? Was ist denn das für ein Teufelszeug?

Hilde. Ich meine, daß das Gewissen bei Ihnen recht schwächlich ist. So — zart gebaut. Daß es keinen Stoß verträgt. Daß es das, was schwer ist, nicht heben noch tragen kann.

Solneß (brummend). Hm! Wie sollte dann das Gewissen sein, wenn ich fragen darf?

Hilde. Bei Ihnen möchte ich am liebsten, daß das Gewissen so — so recht robust wäre.

Solneß. So? Robust? Na. Haben S i e vielleicht ein robustes Gewissen?

Hilde. Ich glaube schon. Ich habe wenigstens nichts anderes gemerkt.

Solneß. Ist wohl auch nicht sonderlich auf die Probe gestellt worden, denk ich mir.

Hilde (indem es um ihre Mundwinkel zuckt). Nun, so leicht war's doch nicht, vom Vater fortzugehen, den ich so ungeheuer gern habe.

Solneß. Ach was! Für einen Monat oder zwei —

Hilde. Ich komme gewiß niemals wieder heim.

Solneß. Niemals? Warum gingen Sie denn von ihm fort.

Hilde (halb im Ernst, halb neckisch). Haben Sie schon wieder vergessen, daß die zehn Jahre um sind?

Solneß. Ach, Unsinn. War zu Hause irgend etwas los? Nun?

Hilde (ernsthaft). Es w a r dieses Etwas in meinem Innern, was mich herjagte und mich herpeitschte. Und was mich lockte und anzog zu gleicher Zeit.

Solneß (eifrig). Da haben wir's! Da haben wir's, Hilde! Auch in Ihnen wohnt ein Unhold. Wie in mir. Denn es ist der Unhold in einem, sehen Sie — der ist es, der die Mächte herbeiruft. Und dann m u ß man nachgeben — man mag wollen oder nicht.

Hilde. Ich glaube beinahe, Sie haben recht, Baumeister.

Solneß (geht im Zimmer umher). O es giebt in der Welt so erstaunlich viele Teufelchen, die einer nicht sieht, Hilde.

Hilde. Teufelchen auch noch?

Solneß (bleibt stehen). Gutmütige Teufelchen und bösartige Teufelchen. Blondhaarige Teufelchen und schwarzhaarige. Wenn man nur immer wüßte, ob's die blonden sind oder die schwarzen, die einen in ihrer Gewalt haben! (Er schlendert herum.) Ja, dann wäre das Ding ganz einfach!

Hilde (folgt ihm mit den Augen). Oder wenn man ein recht kräftiges, von Gesundheit strotzendes Gewissen hätte. So daß man sich das g e t r a u t e, was man am liebsten m ö c h t e.

Solneß (bleibt am Konsoltische stehen). Ich meinerseits glaube, daß die meisten in dem Punkt ebenso große Schwächlinge sind wie ich selber.

Hilde. Mag schon sein.

Solneß (lehnt sich an den Tisch). In den Sagenbüchern — Haben Sie von den alten Sagenbüchern etwas gelesen?

Hilde. Freilich! Zu der Zeit, da ich noch Bücher las —

Solneß. In den Sagenbüchern wird von Wikingern

berichtet, die nach fremden Ländern segelten und plünderten und Häuser in Brand steckten und Männer totschlugen —

Hilde. Und Weiber gefangen nahmen —

Solneß. Und sie bei sich behielten —

Hilde. Und auf den Schiffen mit nach Hause nahmen —

Solneß. Und mit ihnen verfuhren wie — wie die schlimmsten Unholde.

Hilde (sieht mit einem halbverschleierten Blick vor sich hin). Mir scheint, das mußte spannend sein.

Solneß (mit einem kurzen brummenden Lachen). Weiber zu fangen? Jawohl.

Hilde. Gefangen zu w e r d e n .

Solneß (sieht sie einen Augenblick an). Ach so.

Hilde (gleichsam abbrechend). Aber wo wollen Sie denn mit den Wikingern hinaus, Baumeister?

Solneß. Ja, sehen Sie, d i e Kerle hatten ein robustes Gewissen! Wenn die wieder heimkamen, dann konnten sie fressen und saufen, als wenn nichts geschehen wäre. Und lustig wie Kinder waren sie auch noch. Und dann die Weiber! Die wollten manchmal gar nicht wieder von ihnen fort. Können Sie so was begreifen, Hilde?

Hilde. Die Weiber begreife ich ausgezeichnet.

Solneß. Oho! Könnten Sie etwa selber ebenso handeln?

Hilde. Warum denn nicht?

Solneß. Mit so einem — Gewaltthäter zusammenleben — freiwillig?

Hilde. Wenn's ein Gewaltthäter wäre, den ich recht lieb gewonnen hätte, dann —

Solneß. Könnten Sie denn so einen Menschen lieb gewinnen?

Hilde. Ach Gott, das steht doch nicht bei einem selber, wen man lieb gewinnen soll.

Solneß (sieht sie nachdenklich an). Ach nein — d a s entscheidet wohl der Unhold, der in einem wohnt.

Hilde (mit einem halben Lachen). Und dann alle diese merkwürdigen Teufelchen, mit denen Sie so gut bekannt sind. Sowohl die blondhaarigen als die schwarzhaarigen.

Solneß (mit Wärme, in gedämpftem Ton). Dann wünsche ich Ihnen, daß die Teufelchen mit Schonung für Sie wählen, Hilde.

Hilde. Für mich h a b e n sie schon gewählt. Ein für allemal.

Solneß (blickt sie tief an). Hilde — Sie sind wie ein wilder Waldvogel.

Hilde. Durchaus nicht. Ich verstecke mich nicht im Gebüsch.

Solneß. Nein, das thun Sie wohl nicht. Da sind Sie eher noch einem Raubvogel ähnlich.

Hilde. Das noch eher — vielleicht. (Mit großer Heftigkeit.) Und warum kein Raubvogel? Warum sollte ich nicht auch auf Raub ausgehen? Die Beute an mich reißen, zu der ich Lust habe? Wenn ich sie nur packen kann mit meinen Krallen. Und die Oberhand behalten.

Solneß. Hilde — wissen Sie, was Sie sind?

Hilde. Ja, ich bin gewiß so ein sonderbarer Vogel.

Solneß. Nein; Sie sind wie ein anbrechender Tag. Wenn ich Sie ansehe — dann ist's mir, als blickte ich gegen Sonnenaufgang.

Hilde. Sagen Sie mir, Baumeister — wissen Sie bestimmt, daß Sie mich nie gerufen haben? So inwendig?

Solneß (leise und langsam). Ich glaube fast, ich muß es gethan haben.

Hilde. Was wollten Sie von mir?

Solneß. S i e sind die Jugend, Hilde.

Hilde (lächelnd). Die Jugend, vor der sie solche Angst haben?

Solneß (nickt langsam). Und die ich doch im Grunde so sehnlich herbeiwünsche.

Hilde (erhebt sich, geht zum Tischchen hin, holt die Mappe Ragnar Broviks, hält ihm die Mappe hin). Die Zeichnungen also —

Solneß (kurz, abweisend). Legen Sie das Zeug weg! Ich habe es lange genug angesehen.

Hilde. Aber Sie sollten ja etwas für ihn daraufschreiben.

Solneß. Daraufschreiben! In meinem Leben thu' ich's nicht.

Hilde. Aber wenn nun der arme alte Mann im Sterben liegt! Könnten Sie da nicht ihm und dem Sohn eine Freude machen, ehe sie sich trennen? Und vielleicht könnte er dann auch dazu kommen, nach den Zeichnungen zu bauen.

Solneß. Ja, das ist's ja eben, was er kann. Das wird er sich schon gesichert haben, der — der Monsieur.

Hilde. Aber du lieber Gott — wenn sich's so verhält — können Sie dann nicht ein klein bißchen lügen?

Solneß. Lügen? (Wütend). Hilde — gehen Sie weg von mir

mit Ihren Teufelszeichnungen!

Hilde (zieht die Mappe ein wenig zurück). Nanu — beißen Sie mich doch nicht. — S i e reden von Unholden. Mir kommt's vor, Sie betragen sich selber wie ein Unhold. (Sie sieht sich um.) Wo haben Sie Feder und Tinte?

Solneß. Giebt's nicht hier im Zimmer.

Hilde (will hinaus). Aber draußen beim Fräulein haben Sie doch —

Solneß. Bleiben Sie, wo Sie sind, Hilde! — Ich sollte lügen, sagten Sie. Nun ja, seinem alten Vater zuliebe könnte ich das immerhin thun. Denn den habe ich einmal erdrückt. Über den Haufen geworfen.

Hilde. Den auch?

Solneß. Ich brauchte Platz für mich selber. Aber dieser Ragnar — der darf um keinen Preis in die Höhe kommen.

Hilde. Das wird er wohl auch nie, der arme Kerl. Wenn er nichts taugt, dann —

Solneß (näher, sieht sie an und flüstert). Kommt Ragnar Brovik in die Höhe, dann schlägt er m i c h zu Boden. Erdrückt mich — wie ich's mit seinem Vater that. —

Hilde. Erdrückt er S i e? Taugt er denn?

Solneß. Ja, darauf können Sie sich verlassen, daß d e r taugt! D e r ist die Jugend, die bereit steht, bei mir anzuklopfen. Und dem ganzen Baumeister Solneß den Garaus zu machen.

Hilde (sieht ihn mit stillem Vorwurf an). Und trotzdem wollen Sie ihm den Weg versperren. Pfui, Baumeister!

Solneß. Er hat Herzblut genug gekostet, der Kampf, den ich durchgemacht habe. — Und dann habe ich Angst, daß die Helfer und Diener mir nicht mehr gehorchen.

Hilde. Dann müssen Sie's auf eigene Faust versuchen. Da ist nichts anderes zu thun.

Solneß. Hoffnungslos, Hilde. Der Umschwung kommt. Etwas früher oder etwas später. Denn die Wiedervergeltung, die ist unerbittlich.

Hilde (angstvoll, hält sich die Ohren zu). Reden Sie doch nicht so! Wollen Sie mir das Leben nehmen! Mir das nehmen, was mir mehr ist als das Leben!

Solneß. Und was ist denn d a s ?

Hilde. Sie groß zu sehen. Sie zu sehen mit einem Kranz in der Hand. Hoch, hoch oben auf einem Kirchturm. (Wieder ruhig.) Nun, jetzt heraus mit dem Bleistift. Denn einen Bleistift haben Sie doch bei sich?

Solneß (nimmt seine Brieftasche heraus). Da habe ich einen.

Hilde (legt die Mappe auf den Sofatisch). Gut. Und jetzt, Baumeister, setzen wir uns, wir zwei.

Solneß (setzt sich an den Tisch).

Hilde (hinter ihm, beugt sich über die Stuhllehne). Und jetzt schreiben wir etwas auf die Zeichnungen hinauf. Etwas recht, recht Liebes und Warmes schreiben wir. Für diesen häßlichen Roar — oder wie er nun heißt.

Solneß (schreibt einige Zeilen, wendet den Kopf und blickt zu ihr auf). Ich möchte etwas wissen, Hilde.

Hilde. Nun?

Solneß. Wenn Sie also volle zehn Jahre auf mich gewartet haben —

Hilde. Was dann?

Solneß. Warum schrieben Sie mir nie? Dann hätte ich Ihnen antworten können.

Hilde (schnell). Nein, nein! Das war's gerade, was ich nicht haben wollte.

Solneß. Warum nicht?

Hilde. Ich fürchtete, das Ganze könnte mir dabei unter den Händen zusammenbrechen. — Aber wir sollten ja auf die Zeichnungen etwas hinaufschreiben, Baumeister.

Solneß. Ja freilich.

Hilde (beugt sich vornüber und sieht zu, während er schreibt). Wie warm und gut und herzig. O wie ich ihn hasse — wie ich ihn hasse, diesen Roald —

Solneß (schreibend). Haben Sie nie jemand so recht gern gehabt, Hilde?

Hilde (hart). Was sagten Sie?

Solneß. Ob Sie nie jemand recht gern gehabt haben?

Hilde. Jemand anderen, meinen Sie wohl?

Solneß (blickt zu ihr auf). Jemand anderen, jawohl. Haben Sie das nie? In diesen zehn Jahren? Niemals?

Hilde. O ja, dann und wann. Wenn ich recht wild auf Sie war, weil Sie nicht kamen.

Solneß. Da hatten Sie andere auch gern?

Hilde. Ein klein wenig. Eine Woche oder zwei. Du lieber Gott, Baumeister, Sie wissen ja doch, wie sich's mit so was verhält.

Solneß. Hilde — in welcher Absicht sind Sie hergekommen?

Hilde. Verlieren Sie doch die Zeit nicht mit dem vielen Reden. Der arme alte Mann ist vielleicht schon am Sterben.

Solneß. Antworten Sie mir, Hilde. Was wollen Sie von mir?

Hilde. Ich will mein Königreich haben.

Solneß. Hm — (Er blickt flüchtig nach der Thür links und fährt zu schreiben fort).

Frau Solneß (erscheint gleichzeitig; sie trägt einige Pakete).

Siebenter Auftritt.

Die Vorigen. Frau Solneß.

Frau Solneß. Da habe ich einige Kleinigkeiten für Sie mitgebracht, Fräulein Wangel. Die großen Pakete werden später nachgeschickt.

Hilde. O das war aber d o c h lieb von Ihnen!

Frau Solneß. Einfach meine Pflicht. Weiter gar nichts.

Solneß (liest das, was er geschrieben hat, durch). Aline!

Frau Solneß. Ja?

Solneß. Sahst du, ob sie — die Buchhalterin draußen war?

Frau Solneß. Ja natürlich war d i e da.

Solneß (legt die Zeichnungen in die Mappe hinein). Hm —

Frau Solneß. Sie stand am Pulte, wie sie immer thut — wenn i c h durchs Zimmer gehe.

Solneß (steht auf). Dann will ich's ihr also geben. Und ihr sagen, daß —

Hilde (nimmt ihm die Mappe weg). Ach nein, gönnen Sie doch mir die Freude! (Sie geht zur Thür, dreht sich aber dann um.) Wie heißt sie?

Solneß. Sie heißt Fräulein Fosli.

Hilde. Ach, das hört sich ja so frostig an! Mit dem Vornamen, meine ich?

Solneß. Kaja — glaube ich.

Hilde (öffnet die Thür und ruft hinaus). Kaja! Kommen Sie herein. Schnell! Der Baumeister will mit Ihnen reden.

Kaja Fosli (kommt herein und bleibt an der Thür stehen).

Achter Auftritt.

Die Vorigen. Kaja Fosli.

Kaja (sieht ihn verschüchtert an). Da bin ich —?

Hilde (reicht ihr die Mappe). Da, Kaja! Sie können die Sachen mitnehmen. Denn jetzt hat der Baumeister daraufgeschrieben.

Kaja. Ach, endlich!

Solneß. Geben Sie's dem Alten so rasch wie möglich.

Kaja. Ich gehe gleich damit nach Hause.

Solneß. Thun Sie das. Und jetzt kann ja Ragnar dazu kommen, zu bauen.

Kaja. Ach, darf er herkommen, um Ihnen zu danken für alles, was —

Solneß (hart). Ich mag keinen Dank! Sagen Sie ihm das von mir.

Kaja. Jawohl, das werde ich —

Solneß. Und sagen Sie ihm zugleich, daß ich ihn hernach nicht mehr nötig habe. Und Sie auch nicht.

Kaja (leise, mit bebender Stimme). Mich auch nicht!

Solneß. Von nun an werden Sie sich ja um andere Dinge kümmern müssen. Und das ist ja nur in der Ordnung. Na, jetzt gehen Sie also mit den Zeichnungen nach Hause, Fräulein Fosli. Schnell! Hören Sie!

Kaja (wie oben). Jawohl, Herr Solneß. (Ab.)

Neunter Auftritt.

Solneß. Frau Solneß. Hilde Wangel.

Frau Solneß. Gott, hat d i e tückische Augen.

Solneß. Die! Das arme dumme Gänschen.

Frau Solneß. O — mir macht sie nichts weis, Halvard. Kündigst du ihnen wirklich?

Solneß. Gewiß.

Frau Solneß. Ihr auch?

Solneß. Wolltest du's nicht selber so haben?

Frau Solneß. Daß du aber d i e entbehren kannst —? Na, du wirst schon eine in der Hinterhand haben, Halvard.

Hilde (lustig). Ja, i c h tauge jedenfalls nicht dazu, am Schreibpult zu stehen.

Solneß. Na, laß gut sein, Aline — das wird sich schon finden. Jetzt sollst du nur daran denken, ins neue Heim einzuziehen — so schnell wie's geht. Heut Abend hängen wir den Kranz hinauf, (zu Hilde) ganz oben auf die Turmspitze. Was sagen Sie dazu, Fräulein Hilde?

Hilde (starrt ihn mit funkelnden Augen an). Das wird entsetzlich schön sein, Sie wieder so hoch oben zu sehen.

Solneß. Mich!

Frau Solneß. Ach Gott, Fräulein Wangel, stellen Sie sich doch nicht so etwas vor. Mein Mann — so s c h w i n d e l i g wie d e r ist!

Hilde. Schwindelig! Nein, das ist er doch wahrhaftig nicht!

Frau Solneß. O doch, das ist er.

Hilde. Ich habe ihn ja aber selber ganz oben auf einem hohen Kirchturm gesehen!

Frau Solneß. Davon habe ich allerdings die Leute reden hören. Aber das ist rein unmöglich —

Solneß (heftig). Unmöglich — unmöglich, jawohl! Ich stand aber d o c h droben!

Frau Solneß. Wie kannst du nur so was sagen, Halvard? Du verträgst es ja nicht einmal, auf den Balkon hinauszugehen, droben im ersten Stock. So bist du ja immer gewesen.

Solneß. Du könntest vielleicht heut Abend etwas anderes erleben.

Frau Solneß (angstvoll). Nein, nein! Das werde ich doch mit Gottes Hilfe niemals erleben. Gleich schreibe ich dem Doktor. Der wird dich schon davon abbringen.

Solneß. Aber Aline —!

Frau Solneß. Ja, du bist ja doch krank, Halvard! Das k a n n ja nichts anderes sein! Ach Gott — ach Gott! (Sie eilt nach rechts ab.)

Zehnter Auftritt.

Solneß. Hilde Wangel.

Hilde (sieht ihn gespannt an). Ist es wahr?

Solneß. Daß ich schwindelig bin?

Hilde. Daß m e i n Baumeister sich nicht g e t r a u t — nicht so hoch steigen k a n n , wie er selber baut?

Solneß. Sehen Sie das Ding von d e r Seite an?

Hilde. Ja.

Solneß. Ich glaube, es ist bald kein Winkelchen in mir, das vor Ihnen sicher sein kann.

Hilde (blickt zum Erkerfenster hin). Da oben also. Ganz oben —

Solneß (näher). In der obersten Turmkammer könnten Sie wohnen, Hilde. — Könnten's dort haben wie eine Prinzessin.

Hilde (mit einem unbestimmbaren Gemisch von Ernst und Scherz). Ja, das haben Sie mir ja versprochen.

Solneß. Hab ich das eigentlich?

Hilde. Pfui, Baumeister! Sie sagten, ich sollte Prinzessin werden. Und daß ich von Ihnen ein Königreich bekommen sollte. Und dann faßten Sie — Na, mehr sag' ich nicht!

Solneß (behutsam). Sind Sie ganz gewiß, daß es nicht so ein Traum war — eine Einbildung, die sich bei Ihnen festgesetzt hat?

Hilde (unwirsch). Sie t h a t e n ' s am Ende gar nicht?

Solneß. Weiß es kaum selber. (Leiser.) Aber d a s weiß ich jetzt allerdings, daß ich —

Hilde. Daß Sie —? Sagen Sie's gleich!

Solneß. Daß ich's hätte thun s o l l e n .

Hilde (mit kühner Zuversicht). S i e waren in Ihrem Leben nie schwindelig!

Solneß. Heut Abend hängen wir also den Kranz hinauf — Prinzessin Hilde.

Hilde (mit einem bittern Zug um den Mund). Über Ihr neues Heim, jawohl.

Solneß. Über das neue Haus. Das niemals ein H e i m wird für m i c h . (Ab durch die Verandathür.)

Hilde (sieht mit einem verschleierten Blick ins Leere hinaus und flüstert vor sich hin; man hört nur die Worte:) Entsetzlich spannend — —

Dritter Aufzug.

Eine große breite Veranda vor dem Wohnhause des Baumeisters Solneß.

Ein Teil des Hauses mit einem Ausgang zur Veranda ist links sichtbar; vor dieser rechts ein Geländer. Rückwärts, an der schmalen Seite der Veranda, führt eine Treppe hinunter zum tiefer gelegenen Garten. Große alte Bäume im Garten strecken ihre Äste über die Veranda gegen das Haus hin aus. Ganz rechts, zwischen den Bäumen, erblickt man den untersten Teil der neuen Villa, um dessen Turmbau das Gerüst noch steht. Im Hintergrund ist der Garten von einem alten Steckenzaun begrenzt. Außerhalb des Zauns eine Straße mit niedrigen verfallenen Häuschen. Auf der Veranda eine Gartenbank längs der Hauswand, und vor der Bank ein länglicher Tisch; an der anderen Seite des Tisches ein Lehnstuhl und einige Taburetts. Alle Möbel sind geflochten.

Abendhimmel mit sonnenbeleuchteten Wolken.

Erster Auftritt.

Frau Solneß. Hilde Wangel.

Frau Solneß (die in einen großen weißen Kreppshawl gehüllt ist, ruht im Lehnstuhl und starrt nach rechts hinüber).

Hilde Wangel (kommt nach einer Weile die Gartentreppe herauf; sie ist gekleidet wie letzthin und hat ihr Hütchen auf; an der Brust trägt sie ein Sträußchen von gewöhnlichen Wiesenblumen).

Frau Solneß (wendet den Kopf ein wenig). Sind Sie im Garten herumgewesen, Fräulein Wangel?

Hilde. Jawohl, ich habe mich da unten umgesehen.

Frau Solneß. Auch Blumen gefunden, wie ich sehe.

Hilde. Freilich. Von denen ist ja mehr als genug da. Zwischen den Büschen drin.

Frau Solneß. Wirklich? So spät im Jahre? Ich komme ja fast nie hinunter.

Hilde (kommt näher). Was Sie sagen! Laufen Sie denn nicht jeden Tag in den Garten hinunter?

Frau Solneß (mit einem matten Lächeln). Ich „laufe" nirgends mehr hin. Jetzt nicht mehr.

Hilde. Aber gehen Sie denn nicht dann und wann hinunter, um all der Herrlichkeit einen Besuch zu machen?

Frau Solneß. Es ist mir alles so fremd geworden. Ich fürchte mich beinahe davor, es wiederzusehen.

Hilde. Ihren eigenen Garten!

Frau Solneß. Es kommt mir vor, als ob er nicht mehr m e i n wäre.

Hilde. Ach, was ist denn d a s für —!

Frau Solneß. Nein, nein, das ist er nicht. Es ist nicht wie damals, als der Vater und die Mutter noch lebten. Es ist jammerschade, wie viel sie vom Garten weggenommen haben. Denken Sie nur — da haben sie ihn zerstückelt — und Häuser gebaut für fremde Menschen. Leute, die ich nicht kenne. Und d i e können mich von ihren Fenstern aus beobachten.

Hilde (mit einem hellen Ausdruck im Gesicht). Frau Solneß?

Frau Solneß. Ja?

Hilde. Darf ich ein bißchen bei Ihnen bleiben?

Frau Solneß. Sehr gern, wenn Sie nur Lust dazu haben.

Hilde (rückt ein Taburett zum Lehnstuhl hin und setzt sich). Ah — hier kann man sich sonnen, so recht wie eine Katze.

Frau Solneß (legt die Hand leicht auf ihren Nacken). Das ist schön von Ihnen, daß Sie bei m i r sitzen wollen. Ich dachte, Sie wollten zu meinem Mann hinein.

Hilde. Was sollte ich bei ihm thun?

Frau Solneß. Ihm helfen, dachte ich mir.

Hilde. O nein. Übrigens ist er nicht drinnen. Er ist da drüben bei den Arbeitsleuten. Er sah aber so grimmig aus, daß ich mir nicht getraute, ihn anzureden.

Frau Solneß. Ach, im Grunde hat er ein so mildes und weiches Gemüt.

Hilde. D e r!

Frau Solneß. Sie kennen ihn eben noch nicht recht, Fräulein Wangel.

Hilde (sieht sie mit Wärme an). Sind Sie jetzt froh, daß Sie ins neue Haus hinüberziehen sollen?

Frau Solneß. Ich s o l l t e froh sein. Denn Halvard will es ja so haben —

Hilde. O nicht gerade aus d e m Grunde, scheint mir.

Frau Solneß. Doch, doch, Fräulein Wangel. Denn das ist ja nur meine Pflicht, mich i h m zu unterwerfen. Aber manchmal fällt es so schwer, den Sinn zum Gehorsam zu zwingen.

Hilde. Ja, d a s muß gewiß schwer fallen.

Frau Solneß. Das können Sie mir glauben. Wenn man nicht ein besserer Mensch ist, als ich, dann —

Hilde. Wenn man soviel Schweres durchgemacht hat, wie Sie —

Frau Solneß. Woher wissen Sie das?

Hilde. Ihr Mann sagte es.

Frau Solneß. Mir gegenüber berührt er d i e Dinge so selten. — Ja, das können Sie mir glauben, Fräulein Wangel, ich habe mehr als genug durchgemacht in meinem Leben.

Hilde (blickt sie teilnehmend an und nickt langsam). Arme Frau Solneß. Zuerst hatten Sie ja den Brand —

Frau Solneß (mit einem Seufzer). Ach ja. All das meinige ging dabei zu Grunde.

Hilde. Und dann kam ja etwas noch Schlimmeres.

Frau Solneß (sieht sie fragend an). Noch schlimmer?

Hilde. Das Allerschlimmste.

Frau Solneß. W a s , meinen Sie?

Hilde (leise). Sie verloren ja die beiden Kleinen.

Frau Solneß. Ach, d i e . Ja, sehen Sie, das war aber etwas ganz anderes. Das war ja eine höhere Fügung. Und wenn so etwas kommt, da muß man sich unterwerfen. Und Gott danken obendrein.

Hilde. Thun Sie denn das?

Frau Solneß. Nicht immer, leider. Ich weiß ja sehr wohl, daß es meine Pflicht wäre. Aber ich k a n n es trotzdem nicht.

Hilde. Nein, das kommt mir auch ganz natürlich vor.

Frau Solneß. Und oftmals muß ich ja mir selber sagen, daß es eine gerechte Strafe war —

Hilde. Warum denn?

Frau Solneß. Weil ich nicht standhaft genug war im Unglück.

Hilde. Aber ich begreife nicht, wie —

Frau Solneß. Ach nein, Fräulein Wangel — reden wir nicht mehr von den zwei Kleinen. Über die sollen wir uns bloß freuen. Die haben es ja jetzt so gut, wie man es nur wünschen kann. Nein, es sind die k l e i n e n Verluste im Leben, die einem wehe thun bis in die Seele hinein. Wenn man das alles verliert, was andere Leute fast für gar nichts achten.

Hilde (legt die Arme auf ihre Knie und blickt mit warmem Mitgefühl zu ihr auf). Liebste Frau Solneß — erzählen Sie mir davon.

Frau Solneß. Wie ich Ihnen sagte. Lauter Kleinigkeiten. Da verbrannten zum Beispiel alle die alten Porträts an den Wänden. Und alle die alten seidenen Kleider, die der Familie Gott weiß wie lange gehört hatten. Und die Spitzen der Mutter und der Großmutter — die verbrannten auch. Und denken Sie nur — die Schmucksachen! (Schwermütig.) Und dann alle die Puppen.

Hilde. Die Puppen?

Frau Solneß (mit thränenerstickter Stimme). Ich hatte neun wunderschöne Puppen.

Hilde. Und die verbrannten auch?

Frau Solneß. Alle miteinander. Ach, wie ich mir das zu Herzen nahm.

Hilde. Hatten Sie denn alle die Puppen aufgehoben von der Zeit an, da Sie klein waren?

Frau Solneß. Aufgehoben, nein. Ich und die Puppen, wir blieben immer beisammen.

Hilde. Nachdem Sie erwachsen waren?

Frau Solneß. Ja, lange nachher.

Hilde. Auch nachdem Sie verheiratet waren?

Frau Solneß. O ja. Wenn e r nicht dabei war, da — Dann verbrannten sie ja aber, die armen Dinger. D i e zu retten, da dachte niemand dran. Ach, das ist ein trauriger Gedanke. Sie dürfen mich deshalb nicht auslachen, Fräulein Wangel.

Hilde. Ich lache durchaus nicht.

Frau Solneß. Auf ihre Art waren d i e ja auch lebendige Wesen, sozusagen. Ich trug sie unter dem Herzen. Wie ungeborene kleine Kinder.

Doktor Herdal (den Hut in der Hand, erscheint in der Verandathür und erblickt Frau Solneß und Hilde).

Zweiter Auftritt.

Die Vorigen. Doktor Herdal.

Herdal. Na, Sie sitzen so im Freien und holen sich eine Erkältung, gnädige Frau?

Frau Solneß. Die Luft ist heut so herrlich mild.

Herdal. 's geht an. Aber ist hier im Hause etwas los? Ich bekam ein Briefchen von Ihnen.

Frau Solneß (erhebt sich). Jawohl, es ist etwas, worüber ich notwendig mit Ihnen reden muß.

Herdal. Gut. Dann gehen wir vielleicht hinein. (Zu Hilde.) Heute auch in Gebirgsuniform, Fräulein?

Hilde (steht auf, lustig). Freilich! In vollem Wichs! Heut will ich aber nicht in die Höhe, um mir's Genick zu brechen. Wir beide, Doktor, wir bleiben hübsch da und sehen uns das Ding von unten an.

Herdal. Was sollen wir uns ansehen?

Frau Solneß (erschrocken, leise zu Hilde). Still, still — um Gottes willen! Da kommt er. Sehen Sie doch zu, daß Sie ihn von dem Einfall abbringen. Und seien wir Freundinnen, Fräulein Wangel. Können wir das nicht sein?

Hilde (fällt ihr stürmisch um den Hals). Ach, könnten wir das nur!

Frau Solneß (macht sich gelinde los). So — lassen Sie es nur gut sein! Da kommt er, Doktor! Ich möchte mit Ihnen reden.

Herdal. Betrifft es i h n ?

Frau Solneß. Ja freilich betrifft es i h n . Gehen wir nur hinein.

Frau Solneß und **Doktor Herdal** (gehen ins Haus hinein).

Baumeister Solneß (kommt fast gleichzeitig die Gartentreppe herauf).

Dritter Auftritt.

Solneß. Hilde Wangel.

Hilde (nimmt einen ernsten Ausdruck an).

Solneß (mit einem Blick auf die Thür, die behutsam von innen zugemacht wird). Haben Sie bemerkt, Hilde, daß sie weggeht, sobald ich komme?

Hilde. Ich habe bemerkt, daß Sie sie wegsch eu ch en, sobald Sie kommen.

Solneß. Mag sein. Dafür kann ich aber nichts. (Er sieht sie aufmerksam an.) Frieren Sie, Hilde? Sie sehen wenigstens so aus.

Hilde. Ich kam soeben von einem Grabgewölbe herauf.

Solneß. Was soll das heißen?

Hilde. Daß es mich frostig angeweht hat, Baumeister.

Solneß (langsam). Ich glaube, ich verstehe —

Hilde. Weswegen sind Sie jetzt hier?

Solneß. Ich sah da drüben, daß Sie hier waren.

Hilde. Dann sahen Sie aber auch s i e ?

Solneß. Ich wußte, daß sie gleich gehen würde, wenn ich käme.

Hilde. Thut Ihnen das recht leid, daß sie Ihnen so aus dem Wege geht?

Solneß. Gewissermaßen empfinde ich es auch als eine Erleichterung.

Hilde. Daß Sie sie nicht unmittelbar vor Augen haben?

Solneß. Jawohl.

Hilde. Daß Sie nicht immer wieder sehen, wie sie sich die Geschichte mit den Kleinen zu Herzen nimmt?

Solneß. Ja. Darum am meisten.

Hilde (geht, die Hände auf dem Rücken, zum Geländer hin, bleibt dort stehen und blickt über den Garten hinaus).

Solneß (nach einer kurzen Pause). Sprachen Sie lange mit ihr?

Hilde (steht unbeweglich da, ohne zu antworten).

Solneß. L a n g e , frag ich?

Hilde (schweigt).

Solneß. Wovon redete sie denn, Hilde?

Hilde (schweigt noch immer).

Solneß. Die arme Aline! Es wird wohl von den Kleinen gewesen sein.

Hilde (wird von einem nervösen Zucken durchfahren, dann nickt sie schnell ein paar Mal hintereinander).

Solneß. Sie verwindet es niemals. Ihr Lebtag verwindet sie's nicht. (Er nähert sich Hilde.) Jetzt stehen Sie wieder da wie eine Salzsäule. So standen Sie gestern Abend auch da.

Hilde (dreht sich um und sieht ihn mit großen Augen an). Ich reise ab.

Solneß (in scharfem Ton). Sie reisen ab!

Hilde. Ja.

Solneß. Das erlaube ich aber nicht!

Hilde. Was soll ich jetzt noch h i e r ?

Solneß. Nur daß Sie d a sind, Hilde!

Hilde (mißt ihn mit dem Blick). Wär nicht übel. Dabei würde es wohl kaum sein Bewenden haben.

Solneß (unüberlegt). Um so besser!

Hilde (heftig). Ich k a n n nichts Böses vorhaben gegen eine, die ich k e n n e ! Ich kann ihr nichts nehmen, was ihr gehört.

Solneß. Wer sagt denn, daß Sie das sollen?

Hilde (ohne zu antworten). Bei einer Fremden, ja! Das ist etwas ganz anderes. Wenn's eine wäre, die ich in meinem Leben nie gesehen hätte. Aber bei einer, der ich nahe gekommen bin —! Nein! O nein! Pfui!

Solneß. Ja, aber etwas anderes habe ich ja auch nicht gesagt!

Hilde. Ach, Baumeister, Sie wissen recht gut, wie's gehen würde. Und darum reise ich auch ab.

Solneß. Und was soll aus m i r werden, wenn Sie fort sind? Wofür habe ich nachher noch zu leben?

Hilde (mit dem unbestimmbaren Ausdruck in den Augen). Mit I h n e n hat's jedenfalls keine Not. Sie haben ja Ihre Pflichten ihr gegenüber. Leben Sie doch für die Pflichten.

Solneß. Zu spät. Diese Mächte — diese — diese —

Hilde. Teufelchen —

Solneß. Jawohl, die Teufelchen! Und der Unhold in mir auch. Die haben ihr alles Lebensblut abgezapft. (Er lacht in Verzweiflung.) M e i n e m   G l ü c k zulieb thaten Sie es! Ja freilich! (Schwermütig.) Und jetzt ist sie tot — um meinetwillen. Und ich bin bei lebendigem Leibe an die Tote gekettet. (In wilder Angst.) I c h — i c h , der ein freudeloses Leben nicht tragen k a n n !

Hilde (geht auf die andere Seite des Tisches hinüber und setzt sich auf die Bank; die Ellbogen auf der Tischplatte ruhend, den Kopf auf die Hände gestützt, sieht sie ihn eine Weile schweigend an). Was werden Sie denn das nächste Mal bauen?

Solneß (schüttelt den Kopf). Glaub nicht, daß es was rechtes mehr wird.

Hilde. Keine so trauliche glückliche Heimstätten für Mutter und Vater? Und für die Kinderschar?

Solneß. Möchte wissen, ob so was vonnöten sein wird hernach.

Hilde. Armer Baumeister! Und da haben Sie volle zehn Jahre daran gearbeitet — das Leben sozusagen darauf eingesetzt — nur darauf.

Solneß. Da haben Sie recht, Hilde.

Hilde (platzt heraus). Ach, wie kommt mir doch das alles so albern vor! Wirklich so albern —!

Solneß. Was meinen Sie?

Hilde. Daß einer nach seinem eigenen Glück nicht greifen darf. Nach seinem eigenen Leben nicht! Bloß weil jemand dazwischen steht, den man kennt!

Solneß. Jemand, an dem man nicht vorbei darf.

Hilde. Ich möchte wissen, ob man das im Grunde nicht d ü r f t e . Aber trotzdem — Ach, wenn man doch die ganze Geschichte verschlafen könnte! (Sie legt die Arme flach auf den Tisch, läßt die linke Seite des Kopfes auf den Händen ruhen und schließt die Augen.)

Solneß (dreht den Lehnstuhl um und setzt sich an den Tisch). Haben S i e ein trauliches glückliches Heim, Hilde — droben bei Ihrem Vater?

Hilde (unbeweglich, antwortet gleichsam halb schlafend). Nur einen Käfig hatte ich.

Solneß. Und Sie wollen durchaus nicht wieder hinein?

Hilde (wie oben). Der Waldvogel will nie hinein in den Käfig.

Solneß. Lieber jagen in freier Luft —

Hilde (noch immer wie oben). Der Raubvogel jagt am liebsten.

Solneß (läßt den Blick auf ihr ruhen). Wer doch Wikingertrotz im Leibe hätte —

Hilde (mit ihrer gewöhnlichen Stimme, indem sie die Augen aufschlägt, sich aber nicht rührt). Und das andere? Nennen Sie's!

Solneß. Ein robustes Gewissen.

Hilde (richtet sich lebhaft auf der Bank empor; ihre Augen haben aufs neue den freudefunkelnden Ausdruck; sie nickt ihm zu). Ich weiß, was Sie das nächste Mal bauen werden!

Solneß. Da wissen Sie mehr, als ich selber, Hilde.

Hilde. Ja, die Baumeister, die sind ja so dumm.

Solneß. Und was wird's denn werden?

Hilde (nickt wieder). Das Schloß.

Solneß. Was für ein Schloß?

Hilde. M e i n Schloß natürlich.

Solneß. Jetzt wollen Sie gar ein Schloß haben?

Hilde. Sind Sie mir nicht ein Königreich schuldig, wenn ich fragen darf?

Solneß. Das behaupten Sie wenigstens.

Hilde. Schön. Das Königreich sind Sie mir also schuldig. Und zu einem Königreich gehört doch wohl ein Schloß, soviel ich weiß.

Solneß (immer aufgeräumter). Ja, das pflegt ja sonst der Fall zu sein.

Hilde. Gut, dann bauen Sie mir's also! Gleich!

Solneß (lachend). So auf der Stelle? — Das auch noch?

Hilde. Freilich! Denn jetzt sind sie um — die zehn Jahre. Und ich will nicht länger warten. Also — heraus mit dem Schloß, Baumeister!

Solneß. Es ist kein Spaß, Ihnen etwas schuldig zu sein, Hilde.

Hilde. Das hätten Sie früher bedenken sollen. Jetzt ist es zu spät. Also — (sie klopft auf die Tischplatte) das Schloß auf den Tisch! Es ist m e i n Schloß! G l e i c h will ich's haben!

Solneß (mehr im Ernst, beugt sich näher zu ihr hinüber, die Arme auf dem Tisch). Wie haben Sie sich denn eigentlich das Schloß vorgestellt, Hilde?

Hildes (Blick verschleiert sich allmählich; sie starrt gleichsam in sich selbst hinein). Mein Schloß soll hoch oben liegen. Sehr hoch soll es liegen. Und frei nach allen Seiten hin. So daß ich weit hinausblicken kann — weit hinaus.

Solneß. Und ein hoher Turm soll wohl dazu gehören?

Hilde. Ein ungeheuer hoher Turm. Und ganz oben auf dem Turm ein Söller. Und auf dem will ich stehen —

Solneß (greift sich unwillkürlich an die Stirn). Daß Sie daran Gefallen finden können, in so schwindelerregender Höhe zu stehen —

Hilde. O gewiß! Gerade dort oben will ich stehen und die andern ansehen — die, die Kirchen bauen. Und Heimstätten für Mutter und Vater und die Kinderschar. Und S i e dürfen auch hinaufkommen und sich's ansehen.

Solneß (gedämpft). Darf der Baumeister zur Prinzessin hinaufkommen?

Hilde. Wenn der Baumeister will.

Solneß (noch leiser). Dann, glaube ich, kommt der Baumeister.

Hilde (nickt). Der Baumeister — der kommt.

Solneß. Wird aber nie mehr bauen — der arme Baumeister.

Hilde (lebhaft). Doch. Zu zweien werden wir sein. Und dann bauen wir das Herrlichste — das Allerherrlichste, was es auf Erden giebt.

Solneß (gespannt). Hilde — sagen Sie mir, was das ist!

Hilde (sieht ihn lächelnd an, schüttelt den Kopf ein wenig, spitzt die Lippen und spricht wie zu einem Kinde). Die Baumeister — die sind sehr — sehr dumme Leute.

Solneß. Ja freilich sind sie dumm. Aber jetzt sagen Sie mir, was das ist! Das, was Sie das Herrlichste auf Erden nennen. Und was wir zwei miteinander bauen sollen?

Hilde (schweigt eine Weile, dann sagt sie mit einem unbestimmbaren Ausdruck in den Augen). Luftschlösser.

Solneß. Luftschlösser?

Hilde (nickt). Luftschlösser, jawohl! Wissen Sie, was so ein Luftschloß für ein Ding ist?

Solneß. Sie sagen ja, es ist das Herrlichste auf Erden.

Hilde (erhebt sich heftig und macht eine wegwerfende Handbewegung). Ja, versteht sich! Luftschlösser — die sind ja so bequeme Zufluchtsorte. Und auch so bequem zu bauen (sie sieht ihn höhnisch an), besonders für die Baumeister, die ein — schwindliges Gewissen haben.

Solneß (erhebt sich). Von heute an bauen wir zwei miteinander, Hilde.

Hilde (mit einem halb zweifelnden Lächeln). So'n richtiges Luftschloß?

Solneß. Jawohl. Mit einer Grundmauer darunter.

Ragnar Brovik (kommt aus dem Hause heraus; er trägt einen großen grünen Kranz, der mit Blumen und Seidenbändern geschmückt ist).

Vierter Auftritt.

Die Vorigen. Ragnar Brovik.

Hilde (mit einem Freudenausbruch). Der Kranz! O das wird entsetzlich schön werden!

Solneß (verwundert). Kommen denn S i e mit dem Kranz, Ragnar?

Ragnar. Ich hatte es dem Werkmeister versprochen.

Solneß (erleichtert). Nun, dann geht's jedenfalls Ihrem Vater besser?

Ragnar. Nein.

Solneß. Ermunterte ihn das nicht, was ich geschrieben hatte?

Ragnar. Es kam zu spät.

Solneß. Zu spät!

Ragnar. Als sie es mitbrachte, war er nicht mehr bei Besinnung. Er hatte einen Schlaganfall gehabt.

Solneß. Aber so gehen Sie doch zu ihm heim! Seien Sie doch bei Ihrem Vater!

Ragnar. Er braucht mich nicht mehr.

Solneß. Aber Sie müssen doch wohl bei ihm sein.

Ragnar. S i e sitzt an seinem Bett.

Solneß (etwas unsicher). Kaja?

Ragnar (blickt ihn finster an). Kaja — jawohl.

Solneß. Gehen Sie nach Hause, Ragnar. Zu ihr sowohl, als zu ihm. Geben Sie m i r den Kranz.

Ragnar (unterdrückt ein spöttisches Lächeln). Sie wollen doch nicht selber —?

Solneß. Ich will selber damit hinüber gehen. (Er nimmt ihm den Kranz ab.) Und jetzt gehen Sie nach Hause. Wir haben Sie heute nicht nötig.

Ragnar. Ich weiß, daß Sie mich hernach nicht nötig haben. Aber heute bleibe ich da.

Solneß. Na, bleiben Sie da, wenn Sie's durchaus wollen.

Hilde (am Geländer). Baumeister — hier will ich mich hinstellen, um Ihnen zuzusehen.

Solneß. Mir!

Hilde. Das wird entsetzlich spannend werden.

Solneß (gedämpft). Davon reden wir zwei später, Hilde. (Er geht mit dem Kranz fort, die Treppe hinab und durch den Garten hin.)

Fünfter Auftritt.

Ragnar Brovik. Hilde Wangel.

Hilde (blickt Solneß nach; darauf wendet sie sich zu Ragnar). Mir scheint, Sie hätten ihm schon mit ein paar Worten danken können.

Ragnar. Ihm danken? D e m hätte ich danken sollen?

Hilde. Ja, das hätten Sie doch wahrhaftig thun sollen!

Ragnar. Da müßte ich wohl eher noch I h n e n danken.

Hilde. Wie können Sie so was sagen?

Ragnar (ohne ihr zu antworten). Aber nehmen Sie sich nur in acht, Fräulein! Denn d e n kennen Sie noch nicht recht.

Hilde (feurig). O i c h kenne ihn am allerbesten!

Ragnar (lacht erbittert). Ihm danken, der mich jahrelang niedergehalten hat! Der den Vater dazu gebracht hat, an mir zu zweifeln. Der mich selber dazu gebracht hat — Und das alles nur um —!

Hilde (wie von einer Ahnung durchzuckt). Um —? Sagen Sie mir's gleich!

Ragnar. Um sie bei sich behalten zu können.

Hilde (springt auf ihn zu). Das Fräulein am Pult?

Ragnar. Ja.

Hilde (drohend, mit geballten Händen). Es ist nicht wahr! Sie verleumden ihn!

Ragnar. Ich wollte es auch nicht glauben bis heute — als sie's selber sagte.

Hilde (wie außer sich). W a s sagte sie! Ich will's wissen! Gleich! Gleich!

Ragnar. Sie sagte, er beherrsche ihr ganzes Sinnen und Trachten. Alle ihre Gedanken gehörten nur ihm allein. Sie sagt, daß sie niemals von ihm lassen kann. Daß sie hier bleiben will, wo e r ist —

Hilde (mit sprühenden Augen). Das darf sie nicht!

Ragnar (gleichsam forschend). Wer wird sie daran hindern?

Hilde (schnell). Er will's a u c h nicht haben!

Ragnar. Nein, natürlich nicht. Jetzt verstehe ich ja die ganze Geschichte. Hernach würde sie wohl nur — lästig fallen.

Hilde. Gar nichts verstehen Sie — wenn Sie so was reden können! Nein, ich will Ihnen sagen, warum er das Fräulein festhielt.

Ragnar. Und warum denn?

Hilde. Um S i e behalten zu können.

Ragnar. Hat er Ihnen das gesagt?

Hilde. Nein, es ist aber so! Es m u ß so sein! (Ungestüm.) Ich will — ich w i l l, daß es so sein soll!

Ragnar. Und gerade als S i e kamen — da ließ er sie fahren.

Hilde. S i e — Sie selber sind's, den er hat fahren lassen! Was, glauben Sie wohl, kümmert der sich um fremde Fräulein?

Ragnar (nachdenklich). Sollte er mich denn die ganze Zeit insgeheim gefürchtet haben?

Hilde. D e r sich fürchten! So eingebildet sollten Sie denn doch nicht sein.

Ragnar. O er muß doch schon lange gemerkt haben, daß i c h auch was tauge. Übrigens — furchtsam — das ist er nun einmal von Natur, wissen Sie.

Hilde. E r ! Das machen Sie andern weis!

Ragnar. Gewissermaßen i s t er furchtsam. Er, der große Baumeister. Andere Leute um ihr Lebensglück zu bringen — wie er's meinem Vater und mir gethan hat — davor hat er keine Furcht. Aber bloß ein armseliges Gerüst hinaufzuklettern — Gott bewahre ihn vor so einem Wagestück!

Hilde. O Sie hätten ihn nur so hoch oben sehen sollen — so himmelhoch, wie ich ihn einmal gesehen habe!

Ragnar. Das hätten Sie gesehen?

Hilde. Ja, das kann ich Sie versichern. Und wie frei und kühn er dastand, als er den Kranz an der Wetterfahne befestigte!

Ragnar. Ich weiß, daß er es **einmal** in seinem Leben gewagt hat. Ein einziges Mal. Wir Jüngeren haben so oft davon gesprochen. Aber keine Macht der Welt wird ihn dazu bewegen, das Ding zu wiederholen.

Hilde. Heute wiederholt er es!

Ragnar (höhnisch). Glauben Sie doch das nicht.

Hilde. Wir werden's schon erleben!

Ragnar. Das werden weder Sie noch ich erleben.

Hilde (unbändig). Ich **will** es erleben! Ich will und muß es erleben!

Ragnar. Er thut's aber nicht. Er getraut sich's einfach nicht. Denn die Schwäche hat er nun einmal — er, der große Baumeister.

Frau Solneß (kommt aus dem Hause auf die Veranda hinaus).

Sechster Auftritt.

Die Vorigen. Frau Solneß.

Frau Solneß (sieht sich um). Ist er nicht da? Wo ist er hingegangen?

Ragnar. Herr Solneß ist drüben bei den Arbeitern.

Hilde. Er ging mit dem Kranze hin.

Frau Solneß (angstvoll). Mit dem Kranze! Ach Gott — ach Gott! Herr Brovik — Sie müssen zu ihm hinüber! Sorgen Sie dafür, daß er wieder herkommt!

Ragnar. Soll ich ihm sagen, daß die gnädige Frau ihn zu sprechen wünschen?

Frau Solneß. Ach ja, thun Sie das, bitte. — Nein, nein — sagen Sie ihm nichts von m i r. Sagen Sie nur, es wäre jemand da. Und daß er gleich kommen müßte.

Ragnar. Sehr wohl. Ich werde es ihm ausrichten, gnädige Frau. (Er geht fort, die Treppe hinab durch den Garten.)

Siebenter Auftritt.

Frau Solneß. Hilde Wangel.

Frau Solneß. Ach, Fräulein Wangel, Sie können sich nicht vorstellen, welche Angst ich seinetwegen ausstehe.

Hilde. Ist denn die Sache gar so gefährlich?

Frau Solneß. O das begreifen Sie doch. Denken Sie nur — wenn es sein Ernst wäre! Wenn er nun wirklich auf das Gerüst hinaufstiege!

Hilde (gespannt). Glauben Sie, daß er's thut?

Frau Solneß. Ach, man kann ja nicht wissen, was ihm einfällt. Der könnte zu allem fähig sein.

Hilde. Aha, S i e glauben vielleicht auch, daß er nicht so — so recht —?

Frau Solneß. Ja, ich weiß wahrhaftig nicht mehr, was ich von ihm glauben soll. Der Doktor hat nur nämlich so vielerlei erzählt. Und wenn ich außerdem an gewisse Dinge denke, die ich ihn habe sagen hören —

Doktor Herdal (steckt den Kopf durch die Thür).

Achter Auftritt.

Die Vorigen. Doktor Herdal.

Herdal. Kommt er nicht bald?

Frau Solneß. Ich glaube, doch. Ich habe wenigstens nach ihm geschickt.

Herdal (näher). Sie werden aber wohl hineingehen müssen, gnädige Frau —

Frau Solneß. Nein, nein. Ich bleibe hier, um Halvard zu erwarten.

Herdal. Es sind aber einige Damen gekommen —

Frau Solneß. Ach Gott, das auch noch! Und gerade jetzt!

Herdal. Sie möchten nämlich gar zu gern die Feierlichkeit mit ansehen.

Frau Solneß. Ja, dann muß ich wohl doch zu ihnen hineingehen. Denn das ist ja meine Pflicht.

Hilde. Könnten Sie sich denn nicht bei den Damen entschuldigen lassen?

Frau Solneß. Nein, das geht durchaus nicht an. Da sie nun einmal gekommen sind, ist es ja meine Pflicht, sie zu empfangen. Bleiben aber S i e draußen derweile — und reden Sie mit ihm, wenn er kommt.

Herdal. Und halten Sie ihn durch Gespräch auf, so lange es nur möglich ist.

Frau Solneß. Thun Sie das ja, liebes Fräulein Wangel. Halten Sie ihn so fest, wie Sie nur können.

Hilde. Wäre es nicht besser, wenn Sie das selber thäten?

Frau Solneß. Du lieber Gott — m e i n e Pflicht wäre es ja eigentlich. Wenn man aber Pflichten hat nach so vielen Seiten hin —

Herdal (in den Garten hinausblickend). Da kommt er!

Frau Solneß. Und in dem Augenblick muß ich gerade hinein.

Herdal (zu Hilde). Sagen Sie ihm nichts davon, daß ich da bin.

Hilde. O nein! Ich werde schon etwas anderes ausfindig machen, worüber ich mit dem Baumeister schwatzen kann.

Frau Solneß. Und halten Sie ihn ja fest. Ich glaube, S i e können das am besten.

Frau Solneß und **Doktor Herdal** (gehen ins Haus hinein).

Hilde (bleibt auf der Veranda stehen).

Baumeister Solneß (kommt die Gartentreppe hinauf).

Neunter Auftritt.

Solneß. Hilde Wangel.

Solneß. Es soll jemand da sein, höre ich, der mich sprechen will.

Hilde. Jawohl, das bin ich, Baumeister.

Solneß. So, S i e sind's, Hilde. Ich fürchtete schon, es könnten Aline und der Doktor sein.

Hilde. S i e sind gewiß überhaupt recht furchtsam!

Solneß. Glauben Sie?

Hilde. Die Leute sagen, Sie fürchten sich davor, auf den Gerüsten herumzukrabbeln.

Solneß. Nun, mit d e m Ding hat's so seine eigene Bewandtnis.

Hilde. Aber sich davor fürchten — das thun Sie also?

Solneß. Ja, das thue ich.

Hilde. Fürchten Sie, daß Sie herunterfallen könnten und sich's Genick brechen?

Solneß. Nein, das nicht.

Hilde. Was denn aber?

Solneß. Ich fürchte die Wiedervergeltung, Hilde.

Hilde. Die Wiedervergeltung? (Sie schüttelt den Kopf.) Das verstehe ich nicht.

Solneß. Setzen Sie sich. Dann werde ich Ihnen etwas erzählen.

Hilde. Ja, thun Sie das! Gleich! (Sie setzt sich auf ein Taburett am Geländer und blickt ihn erwartungsvoll an.)

Solneß (wirft seinen Hut auf den Tisch). Sie wissen ja — das erste, womit ich anfing, das waren Kirchenbauten.

Hilde (nickt). Das weiß ich.

Solneß. Denn, sehen Sie, als Junge war ich in einem frommen Hause auf dem Lande aufgewachsen. Und da meinte ich denn, es könnte für mich gar nichts Höheres geben, als diese Kirchenbauerei.

Hilde. Ja, warum denn nicht?

Solneß. Und das darf ich schon sagen — ich baute diese kleinen ärmlichen Kirchen mit einem so ehrlichen und warmen und innigen Gemüt, daß — daß —

Hilde. Daß —? Nun?

Solneß. Daß ich meine, er hätte wohl mit mir zufrieden sein können.

Hilde. E r ? Welcher e r ?

Solneß. Er, für den die Kirchen bestimmt waren, natürlich! Er, dem zum Ruhm und zu Ehren sie gebaut waren.

Hilde. Ach so! Aber wissen Sie denn so bestimmt, daß — daß er nicht — so — mit Ihnen zufrieden war?

Solneß (höhnisch). E r mit m i r zufrieden! Wie können Sie nur so reden, Hilde? Er, der es zuließ, daß der Unhold in mir herumrumorte nach eigenem Gutdünken. Er, der ihnen gebot an Ort und Stelle zu sein Tag und Nacht, um mir zu dienen — all diesen — diesen —

Hilde. Teufelchen —

Solneß. Jawohl, von allen Arten. O nein, das bekam ich schon zu fühlen, daß er mit mir nicht zufrieden war. (Geheimnisvoll.) D a s , sehen Sie, war eigentlich der Grund, weshalb er das alte Haus niederbrennen ließ.

Hilde. War d a s der Grund?

Solneß. Ja, begreifen Sie denn das nicht? Er wollte mir Gelegenheit bieten, ein ganzer Meister zu werden in meinem Fach — ihm um so ruhmvollere Kirchen zu bauen. Anfangs verstand ich nicht, wo er hinauswollte. Aber dann, auf einmal, ging mir ein Licht auf.

Hilde. Wann war das?

Solneß. Es war, als ich den Kirchturm baute droben in Lysanger.

Hilde. Das dachte ich mir.

Solneß. Denn, sehen Sie, Hilde, droben in dem fremden Städtchen, dort konnte ich meinen Grübeleien ungestört nachhängen. Und da sah ich's denn so klar, warum er mir meine Kleinen genommen hatte. Er hatte es gethan, damit ich von nichts anderem gebunden wäre. Nicht von so was wie Liebe und Glück, verstehen Sie. Ich sollte nur Baumeister sein. Nichts anderes. Und mein ganzes Leben sollte ich damit zubringen, für ihn zu bauen. (Er lacht.) Aber daraus wurde freilich nichts.

Hilde. Was thaten Sie denn?

Solneß. Zuerst erforschte und prüfte ich mich selbst —

Hilde. Und dann?

Solneß. Dann that ich das U n m ö g l i c h e. I c h wie e r !

Hilde. Das Unmögliche?

Solneß. Ich hatte es niemals zuvor vertragen, hoch und frei hinaufzusteigen. Aber an d e m Tage konnte ich es.

Hilde (springt auf). Ja, ja, das konnten Sie!

Solneß. Und als ich ganz oben stand und den Kranz an die Wetterfahne hängte, da sprach ich zu ihm: jetzt höre mich an, du Mächtiger! Von heute an will ich auch freier Baumeister sein. Auf meinem Gebiet. Wie du auf dem deinigen. Nie mehr will ich Kirchen für dich bauen. Nur Heimstätten für Menschen.

Hilde (mit großen funkelnden Augen). D a s war der Gesang, den ich hoch oben hörte.

Solneß. Aber nachher bekam er Wasser auf seine Mühle.

Hilde. Was meinen Sie d a m i t ?

Solneß (sieht sie mißmutig an). Heimstätten für Menschen zu bauen — das ist keine fünf Pfennig wert, Hilde.

Hilde. So urteilen Sie jetzt?

Solneß. Jetzt sehe ich's nämlich ein. Die Menschen haben die Heimstätten da gar nicht nötig. Jedenfalls nicht um glücklich zu sein. Und ich hätte auch so ein Heim nicht nötig gehabt. Wenn ich eins besessen hätte, heißt das. (Mit einem leisen erbitterten Lachen.) Sehen Sie, das ist der ganze Abschluß, soweit ich zurückblicke. Nichts gebaut, im Grunde genommen. Und auch nichts geopfert, um zum Bauen zu k o m m e n . Nichts, gar nichts — alles miteinander.

Hilde. Und niemals wollen Sie etwas neues bauen hernach.

Solneß (lebhaft). Doch, gerade jetzt will ich anfangen!

Hilde. Was denn? Was denn? Sagen Sie mir's gleich!

Solneß. Das einzige, von dem ich glaube, daß Menschenglück darin wohnen kann — d a s will ich jetzt bauen.

Hilde (sieht ihn fest an). Baumeister — jetzt denken Sie an unsere Luftschlösser.

Solneß. An die Luftschlösser, jawohl.

Hilde. Ich fürchte, es würde Ihnen schwindelig werden, ehe wir halbwegs kämen.

Solneß. Nein, nicht wenn ich mit Ihnen Hand in Hand gehe, Hilde.

Hilde (mit einem Anflug von unterdrücktem Zorn). Nur mit mir? Sollen denn nicht noch andere mit dabei sein?

Solneß. Wer denn sonst noch, meinen Sie?

Hilde. O — zum Beispiel diese Kaja da am Pult. Das arme Ding — wollen Sie nicht die auch mitnehmen?

Solneß. Aha. War s i e ' s, von der Aline vorhin mit Ihnen redete?

Hilde. Ist es wahr oder nicht?

Solneß (heftig). Auf so was antworte ich Ihnen nicht! Ganz und unbedingt sollen Sie an mich glauben!

Hilde. Zehn Jahre lang habe ich so felsenfest an Sie geglaubt.

Solneß. Sie sollen fortfahren an mich zu glauben!

Hilde. Ja, wenn ich Sie wieder oben sehe, hoch und frei!

Solneß (schwermütig). Ach, Hilde — so stehe ich nicht im Alltagsleben da.

Hilde (leidenschaftlich). Ich will es! Ich will es! (Bittend.) Nur noch ein einziges Mal, Baumeister! Thun Sie das U n m ö g l i c h e noch einmal!

Solneß (blickt sie tief an). W e n n ich es versuche, Hilde, dann will ich oben zu ihm sprechen, wie ich's damals that.

Hilde (in steigender Spannung). Was wollen Sie ihm sagen?

Solneß. Ich will ihm sagen: höre mich, großmächtiger Herr — du magst nun über mich urteilen nach eigenem Ermessen. Aber hernach baue ich bloß das Herrlichste auf Erden —

Hilde (hingerissen). Ja — ja!

Solneß. Baue es mit einer Prinzessin zusammen, die ich lieb habe —

Hilde. Ja, sagen Sie ihm das! Sagen Sie ihm das!

Solneß. Gewiß. Und dann will ich ihm sagen: jetzt gehe ich hinunter und umschlinge sie mit den Armen und küsse sie —

Hilde. Viele Male! Sagen Sie's!

Solneß. Viele, viele Male, werde ich sagen.

Hilde. Und dann —?

Solneß. Dann schwenke ich meinen Hut und steige wieder hinunter auf die Erde — und thue, wie ich ihm sagte.

Hilde (mit ausgestreckten Armen). Jetzt sehe ich Sie wieder so, wie damals, als ich Gesang hörte hoch oben!

Solneß (sieht sie mit gesenktem Kopfe an). Wie sind Sie zu dem geworden, was Sie sind, Hilde?

Hilde. Wie haben Sie mich zu dem gemacht, was ich bin?

Solneß (kurz und fest). Die Prinzessin soll ihr Schloß bekommen.

Hilde (jubelnd, in die Hände klatschend). Ach, Baumeister —! Mein wunder — wunderschönes Schloß! Unser Luftschloß!

Solneß. Mit einer Grundmauer darunter.

Eine Menschenmenge (die nur undeutlich zwischen den Bäumen erblickt wird, hat sich auf der Straße versammelt).

(In der Ferne, hinter dem neuen Hause ertönt Musik von Blasinstrumenten.)

Frau Solneß (die einen Pelzkragen um hat, **Doktor Herdal**, der ihren weißen Shawl auf dem Arme trägt, und **einige Damen** kommen auf die Veranda hinaus. **Ragnar Brovik** kommt gleichzeitig vom Garten hinauf).

Zehnter Auftritt.

Die Vorigen. Frau Solneß. Doktor Herdal. Ragnar Brovik. Einige Damen.

Frau Solneß. Soll es auch Musik geben?

Ragnar. Jawohl, gnädige Frau. Es ist der Verein der Bauarbeiter. (Zu Solneß.) Der Werkführer läßt sagen, er wäre jetzt bereit, mit dem Kranze hinaufzugehen.

Solneß (nimmt seinen Hut). Gut. Ich gehe selber hinüber.

Frau Solneß (angstvoll). Was willst du drüben, Halvard?

Solneß (kurz). Ich muß drunten sein bei den Leuten.

Frau Solneß. Ja, drunten, nicht wahr? Nur drunten.

Solneß. Ich bin's ja so gewohnt. So im Alltagsleben. (Er geht fort, die Treppe hinab, durch den Garten.)

Elfter Auftritt.

Die Vorigen ohne Solneß.

Frau Solneß (am Geländer, ruft ihm nach). Bitte aber doch ja den Mann, recht vorsichtig zu sein, wenn er hinauf soll! Versprich mir das, Halvard.

Herdal (zu Frau Solneß). Sehen Sie nun, daß ich recht hatte? Er denkt nicht mehr an das tolle Zeug.

Frau Solneß. Ach, wie ist mir's leicht ums Herz. Zweimal sind uns jetzt Leute heruntergefallen. Und beide waren auf der Stelle tot. (Sie wendet sich zu Hilde.) Herzlichen Dank, Fräulein Wangel, daß Sie ihn so gut festhielten. Ich hätte ihn sicher nie herumgebracht.

Herdal (lustig). Ja — ja, Fräulein Wangel, S i e verstehen schon einen festzuhalten, wenn Sie den Vorsatz haben!

Frau Solneß und **Doktor Herdal** (gehen zu den **Damen** hin, die näher der Treppe stehen und über den Garten hinausblicken).

Hilde (bleibt am Geländer im Vordergrund stehen).

Ragnar (geht zu ihr hin, mit unterdrücktem Lachen, halblaut). Fräulein — sehen Sie alle die jungen Leute draußen auf der Straße?

Hilde. Gewiß.

Ragnar. Es sind die Kameraden, die gekommen sind, um sich den Meister anzusehen.

Hilde. Warum wollen sie ihn denn ansehen?

Ragnar. Sie wollen mit ansehen, wie er sich nicht getraut, auf sein eigenes Haus hinaufzusteigen.

Hilde. So, d a s wollen die grünen Jungen!

Ragnar (mit höhnischem Grollen). Der hat uns jetzt so lange unten gehalten. Nun wollen wir uns ansehen, wie e r auch einmal gefälligst unten bleibt.

Hilde. Das bekommen Sie nicht zu sehen. Diesmal nicht.

Ragnar (lächelt). So? Wo bekommen wir ihn denn zu sehen?

Hilde. Hoch — hoch oben an der Wetterfahne werden Sie ihn sehen!

Ragnar (lacht). Der! Wer's glaubt, wird selig!

Hilde. Er w i l l auf die Turmspitze und folglich werden Sie ihn dort auch sehen.

Ragnar. Er w i l l, jawohl! Das glaub ich sehr gern. Er k a n n aber einfach nicht. Es würde ihm wirr im Kopfe werden, lange bevor er halbwegs käme. Er müßte herunterkriechen auf allen Vieren!

Herdal (hinüber zeigend). Sehen Sie! Da klimmt der Werkführer die Leitern hinauf.

Frau Solneß. Und dann hat er wohl auch noch den Kranz zu tragen. Ach, wenn er sich doch jetzt nur in acht nähme!

Ragnar (starrt ungläubig hin und ruft). Aber das ist ja —!

Hilde (in Jubel ausbrechend). Es ist der Baumeister selber!

Frau Solneß (schreit entsetzt auf). Ja, es ist Halvard! Ach! du lieber Gott —! Halvard! Halvard!

Herdal. Still! Rufen Sie ihn nicht!

Frau Solneß (halb von Sinnen). Ich will zu ihm hin! Er muß herunterkommen!

Herdal (hält sie fest). Niemand darf sich rühren! Keinen Laut!

Hilde (unbeweglich, folgt Solneß mit den Augen). Er steigt, steigt. Immer höher. Immer höher. Sehen Sie! Sehen Sie nur!

Ragnar (in atemloser Spannung). Jetzt m u ß er umkehren. Da ist nichts anderes möglich.

Hilde. Er steigt, steigt. Jetzt ist er bald oben.

Frau Solneß. O ich vergehe vor Angst. Ich halte den Anblick nicht aus!

Herdal. Dann sehen Sie doch nicht hin.

Hilde. Da steht er auf den obersten Brettern! Ganz oben!

Herdal. Niemand darf sich rühren. Hören Sie!

Hilde (jubelt in stiller Innigkeit). Endlich! Endlich! Jetzt sehe ich ihn wieder groß und frei!

Ragnar (fast sprachlos). Aber das ist ja —

Hilde. So habe ich ihn vor mir gesehen alle die zehn Jahre lang. Wie sicher er dasteht! Entsetzlich spannend ist es trotzdem. Sehen Sie! Jetzt hängt er den Kranz um die Turmspitze!

Ragnar. Das ist, wie wenn man etwas ganz Unmögliches mit ansähe.

Hilde. Ja, das ist ja eben das U n m ö g l i c h e, was er jetzt thut! (Mit unbestimmbarem Ausdruck in den Augen.) Sehen Sie jemand anderen bei ihm droben?

Ragnar. Es ist kein anderer da.

Hilde. Doch, da ist einer, mit dem er Worte wechselt.

Ragnar. Sie irren sich.

Hilde. Und den Gesang hoch oben, den hören Sie auch nicht?

Ragnar. Es muß der Wind in den Baumwipfeln sein.

Hilde. Ich höre den Gesang. Einen gewaltigen Gesang! (Sie ruft in wildem Jubel.) Da, da! Jetzt schwenkt er den Hut! Er grüßt herunter! Ach, so grüßt ihn doch wieder! Denn jetzt, jetzt ist es vollbracht! (Sie entreißt dem Doktor den weißen Shawl, schwenkt ihn und schreit aufwärts.) Es lebe der Baumeister Solneß!

Herdal. Hören Sie auf! Hören Sie auf! Um Gottes willen —!

Die Damen (auf der Veranda schwenken die Taschentücher).

(Von der Straße her ertönen Hochrufe; plötzlich verstummen sie, und die Volksmenge bricht in einen Schrei des Entsetzens aus; zwischen den Bäumen sieht man deutlich, wie ein Menschenkörper mit Brettern und Holzstücken zusammen herunterstürzt.)

Frau Solneß und die **Damen** (gleichzeitig). Er fällt! Er fällt!

Frau Solneß (schwankt, sinkt ohnmächtig nach rückwärts und wird unter allgemeinem Rufen und Wirrwarr von den Damen aufgefangen).

Die Menschenmenge (auf der Straße durchbricht den Zaun und stürmt in den Garten hinein).

Herdal (eilt gleichfalls hinunter).

(Kurze Pause.)

Hilde (starrt unverwandt aufwärts und sagt wie versteinert:) Mein Baumeister.

Ragnar (hält sich zitternd am Geländer fest). Er muß zerschmettert sein. Auf der Stelle getötet.

Eine Dame (während Frau Solneß in das Haus hineingetragen wird). Laufen Sie zum Doktor hinunter —

Ragnar. Kann kein Glied rühren —

Eine andere Dame. Dann rufen Sie doch wenigstens jemandem zu!

Ragnar (versucht zu rufen). Wie steht's? Ist er am Leben?

Eine Stimme (vom Garten her). Der Baumeister ist tot!

Andere Stimmen (näher). Der ganze Kopf zerschmettert. Gerade in den Steinbruch heruntergefallen.

Hilde (wendet sich zu Ragnar und sagt leise): Jetzt kann ich ihn droben nicht sehen.

Ragnar. Entsetzlich war das. Er vermochte es also doch nicht.

Hilde (wie in stillem irrem Triumph). Aber bis zur Spitze kam er. Und ich h ö r t e Harfen hoch oben. (Sie schwenkt den Shawl aufwärts und schreit mit wilder Innigkeit.) M e i n — m e i n Baumeister!

Ende.

[**Hinweis der Bearbeiter:**
Offensichtliche Satzfehler wurden im e-Book berichtigt.]

www.ingramcontent.com/pod-product-compliance
Lightning Source LLC
Chambersburg PA
CBHW031343160426
43196CB00007B/719